Jutta Weinheimer und
Mirjam McWhinnie (Hrsg.)

Der Dorfchef in der Schubkarre

und andere Erlebnisse mit Gott

SCM Hänssler

SCM

Stiftung Christliche Medien

FSC www.fsc.org MIX Papier aus verantwortungsvollen Quellen FSC® C006701

SCM Hänssler im SCM-Verlag GmbH & Co. KG · 71088 Holzgerlingen
Internet: www.scm-haenssler.de · E-Mail: info@scm-haenssler.de

Die Geschichten in diesem Buch wurden mit freundlicher Erlaubnis des Verlags CLC Publications und des WEC International aus folgender Quelle entnommen und für die deutsche Ausgabe überarbeitet:
Evan Davies (Ed.): *Beyond the Edge: 100 Stories of Trusting God.*
Published by CLC Publications, U.S.A., P.O. Box 1449, Fort Washington, PA 19034

Soweit nicht anders angegeben, sind die Bibelverse folgender Ausgabe entnommen: Neues Leben. Die Bibel, © der deutschen Ausgabe 2002 und 2006 SCM R.Brockhaus im SCM-Verlag GmbH & Co. KG, Witten.
Weiter wurden verwendet:
LUT: Lutherbibel, revidierter Text 1984, durchgesehene Ausgabe in neuer Rechtschreibung, © 1999 Deutsche Bibelgesellschaft, Stuttgart.
EÜ: Einheitsübersetzung der Heiligen Schrift, © 1980 Katholische Bibelanstalt, Stuttgart.
GNB: Gute Nachricht Bibel, revidierte Fassung, durchgesehene Ausgabe in neuer Rechtschreibung, © 2000 Deutsche Bibelgesellschaft, Stuttgart.

Umschlaggestaltung: Jens Vogelsang, Aachen
Titelbild: fotolia.com
Satz: typoscript GmbH, Walddorfhäslach
Druck und Bindung: CPI – Ebner & Spiegel, Ulm
Gedruckt in Deutschland
ISBN 978-3-7751-5466-6
Bestell-Nr. 395.466

Inhalt

Vorwort

Dieses Buch erzählt Geschichten: wahre, authentische, spannende und herausfordernde. Geschichten über ganz normale Menschen, die Gott vertrauen und erleben, dass er Großes tut. Geschichten, die davon berichten, wie der Glaube im Alltag Wirklichkeit geworden ist, wie Worte und Taten zusammenkommen und Gott dabei Erstaunliches bewirkt.

Das Buch erscheint zum hundertjährigen Jubiläum des WEC International (Weltweiter Einsatz für Christus), einer internationalen Missionsgesellschaft, die 1913 von Charles T. Studd im Kongo gegründet wurde. Der WEC setzt sich besonders dafür ein, dass Menschen und Völker von Jesus Christus hören, die vorher noch nie von ihm gehört oder ihn nie persönlich kennengelernt haben. Heute arbeitet der WEC in über 70 Ländern unter fast 100 Volksgruppen. Aber in diesem Buch geht es nicht um die Organisation »WEC«. Es geht um Gottes Reich. Mitarbeiter des WEC International berichten, was sie bei ihren Missionseinsätzen in aller Welt mit Gott erlebt haben. Aus den ursprünglich hundert Geschichten der englischen Jubiläumsausgabe wurden für die deutsche Ausgabe 36 ausgewählt.

Die Geschichten geben einen Einblick, wie Gott Menschen aus verschiedenen Ländern gebraucht. Im alltäglichen Leben läuft nicht immer alles rund. Man kommt immer wieder an seine Grenzen. Missionaren geht es nicht anders; sie sind keine Übermenschen. Auch sie erleben Niederlagen, Blockaden und herausfordernde Situationen. Die Geschichten in diesem Buch zeigen uns, dass Gott oft gerade in unmöglichen Situationen und trotz unserer Schwachheit und Begrenzungen wirkt: sei es bei einer frühmorgendlichen Taxifahrt, bei einer Operation mit Hammer und Meißel, bei einem finanziellen Engpass oder bei einem Herzfehler, der den geplanten Missionseinsatz verhindert. Oder auch, wenn der kranke Dorfchef in einer Schubkarre transportiert werden muss – und sich genau dort bekehrt!

Unser Gebet ist es, dass diese Geschichten uns alle in unserem Alltag ermutigen und inspirieren, aber auch nachdenklich machen und herausfordern. Dass sie unseren Glauben stärken und uns damit neuen Mut und Zuversicht geben, mit ihm und für ihn zu leben. Da, wo Gott uns hinstellt, können wir die uns anvertraute Aufgabe erfüllen – im Vertrauen auf seine Kraft. Wir müssen auch bei Schwierigkeiten nicht gleich wieder aufgeben, sondern können gerade in Zeiten der Schwachheit mit Gottes Hilfe rechnen und im Vertrauen auf seine Güte und Fürsorge den nächsten Schritt wagen. Dazu möchten diese Geschichten Mut machen.

Michael und Gabriela Baltensperger
Leiter WEC Schweiz

Thomas und Jutta Weinheimer
Leiter WEC Deutschland

Der Dorfchef in der Schubkarre

Howard Sayers, Guinea-Bissau

Es war zu Beginn der 1980er-Jahre. Eigentlich wollten wir in dem abgelegenen Dorf in Guinea-Bissau nur einen gewöhnlichen Besuch machen. Mein Mitarbeiter und ich schleppten uns in der Hitze des Tages auf verschlungenen Wegen durch den dichten Busch. Als wir uns den Lehmhütten des Dorfes näherten, erblickten wir ein seltsames »Etwas« in der Mitte des Dorfes. Entsetzt stellten wir fest, dass es ein Mann war, der Blut hustend auf dem staubigen Boden lag – um ihn herum magere Hunde und Kühe. Kurz darauf erkannten wir ihn als den Mann, den wir eigentlich besuchen wollten: Es war der mächtige Dorfchef!

Uns war klar, dass er dringend medizinisch versorgt werden musste. Aber als wir ihn begrüßten und unsere Hilfe anboten, bat er nicht um Medizin. Zu unserem großen Erstaunen wollte er, dass wir ihm einen Traum erklärten, den er in letzter Zeit wiederholt geträumt hatte. Zwischen Hustenanfällen erzählte er uns mit schwacher Stimme, wie er im Traum durch einen langen, dunklen Tunnel in ein wunderschönes Land gekommen sei. »Was bedeuten diese Träume?«, fragte er uns. »Gott redet zu dir«, meinten wir. »Er möchte, dass du nach deinem Tod an einen wunderschönen Ort kommst, einen Ort, den Gott schon für dich vorbereitet hat.« Dann erklärten wir ihm, dass Jesus Christus der einzige Weg zu diesem Ort ist. Uns war bekannt, dass er als Dorfoberhaupt Kontakt mit bösen Geistern hatte, und dass er ihre Kraft benutzte, um seine Familie und Verwandtschaft zu schützen. Würde er den Zorn der Ahnengeister riskieren und sich Jesus zuwenden? Tatsächlich, er wollte zu Jesus umkehren!

Wir gaben ihm einen Tag Zeit, um über diese wichtige Entscheidung nachzudenken, und versprachen, am nächsten Tag wiederzukommen und ihn in die Klinik zu bringen, wo er untersucht werden könnte. Doch wie sollten wir ihn über den kilometerlangen Weg durch den Busch transportieren? Solche schmalen Wege waren für alle vierrädrigen Fahrzeuge unbefahrbar. Es blieb uns nur eine Möglichkeit: ihn auf unsere Schubkarre zu laden!

In diesem ungewöhnlichen »Krankenwagen«, mit Kissen und Decken ausgepolstert, um die Fahrt erträglicher zu machen, kam er in unsere Klinik. Wir untersuchten ihn und mussten ihm dann behutsam mitteilen, dass er Tuberkulose im fortgeschrittenen Stadium habe und wir ihm kaum helfen könnten. Trotz dieser schlechten Nachricht beschäftigte ihn hauptsächlich sein Traum. Wir hatten schon den örtlichen Pastor gerufen und ihn um Hilfe gebeten.

Noch in der Schubkarre sitzend erzählte der kranke Dorfchef dem Pastor seinen Traum. Der Pastor erklärte ihm auf einfache Weise, wie Gottes Sohn für uns gestorben ist, wie er unsere Sünden auf sich genommen und so den Weg zu Gott für uns frei gemacht hat. Wollte er sich Christus zuwenden? »Ja«, war die Antwort! Zusammengekrümmt in seiner »Schubkarren-Ambulanz« bat dieser Dorfchef Jesus, sein Erlöser zu werden! Vermutlich ist er der einzige Mensch, der je in einer Schubkarre sitzend von Jesus gerettet worden ist!

War dies tatsächlich echt? Hatte er verstanden, was er da getan hatte? Diese Fragen bewegten uns in den nächsten Wochen, bis wir eine Nachricht aus seinem Dorf erhielten. Der Dorfchef wollte alle seine Amulette, Zauberei-Gegenstände und Götzen verbrennen und bat deshalb die Christen aus seiner Umgebung, zusammenzukommen, um Zeugen zu sein. Nun wussten wir, dass er sein ganzes Vertrauen auf Gott gesetzt hatte. Am folgenden Sonntag versammelte sich eine ansehnliche Schar im Dorfzentrum, um diesem Ereignis beizuwohnen. Unser Pastor predigte und erklärte der Dorfbevölkerung, wie ihr Oberhaupt sich von seinen Götzen abgewandt und Christus zugewandt hatte. Dann befahl der alte Dorfchef seinen Söhnen, die Zauberei-Gegenstände herauszuholen. Wir bildeten einen Kreis darum und dann wurden die Gegenstände angezündet. Was für ein Feuer! Die Christen freuten sich sehr, aber die Familie des Oberhaupts hatte furchtbare Angst.

Ein paar Wochen später starb der Dorfchef. Wir hatten gebetet, dass andere Mitglieder seiner Familie seinem Beispiel folgen und sich Christus zuwenden würden, aber das war leider nicht der Fall. Erst viele Jahre später erreichte uns die gute Nachricht, dass sich siebzehn Familienmitglieder von ihren Götzen abgewendet hatten, um dem lebendigen Gott nachzufolgen und zu dienen. Obwohl wir es damals nicht erkannt hatten, war der Heilige Geist schon still am Werk gewesen, um die Dorfbewohner davon zu überzeugen, dass Jesus Christus weitaus mächtiger ist als alle Mächte der Finsternis. Ein einziger alter Mann, der in einer Schubkarre Jesus gefunden hatte und danach an Tuberkulose starb, war zu Beginn der 1980er-Jahre der Anfang gewesen, dass viele Menschen in diesem Dorf Jesus als ihren persönlichen Retter kennenlernten.

Howard Sayers und seine Frau Gill arbeiteten von 1975 an in Guinea-Bissau, bis sie aus gesundheitlichen Gründen nach Großbritannien zurückkehrten. Dort arbeiteten sie im WEC-Aussendungszentrum zunächst als Verantwortliche für neue Mitarbeiter, dann als stellvertretende Leiter. Später übernahmen sie die Administration eines Erholungszentrums.

Gill und Howard Sayers

Gewarnt und vorbereitet

Jutta Weinheimer, Guinea-Bissau

Donnerstag, 6. Mai 1999. Die großen bunten Wäschewannen standen mit Wasser gefüllt im Badezimmer unseres Apartments in Bissau. Unsere vier kleinen Kinder, zwischen sechs Monate und sechs Jahre alt, waren gerade im Begriff, sich den täglichen Schweiß und Staub abzuspülen. In diesem Moment hörten wir draußen die Geräusche von Granaten.

Uns war sonnenklar, was das bedeutete. Vor zwei Tagen hatte Tiago, ein treuer Christ und Mitarbeiter der Kirche, zu einem unserer Kollegen gesagt: »Wenn ihr die ersten Schüsse hört, dann habt ihr genau zehn Minuten Zeit, die Stadt zu verlassen.«

Wir wussten also, dass wir so schnell wie möglich fliehen mussten. Tatsächlich kam Tiago schon kurz darauf zu uns und drängte uns zur Flucht.

»Nimm den Koffer und die Kiste mit dem Essen und stell sie ins Auto. Es ist alles fertig gepackt«, rief ich meinem Mann Thomas zu. Während er und zwei Kolleginnen die beiden zur Verfügung stehenden Autos packten, strömten mehr und mehr Leute auf das Gelände der Missionsstation – alle in der Hoffnung, bei uns eine Mitfahrgelegenheit zu finden.

Schnell half ich den Kindern, sich fertig zu waschen, und versuchte, im Haus die Ruhe zu bewahren, während draußen alle verzweifelt hin und her liefen. Als unsere sechsjährige Tochter die Schüsse hörte, fing sie an zu weinen. »Der Herr Jesus wird uns beschützen«, sagte ich ihr, um sie zu trösten – und das glaubte ich auch fest.

Wir hatten seit Beginn des Bürgerkriegs in Guinea-Bissau im Juni 1998 als Flüchtlinge im Senegal gelebt und waren erst drei Wochen zuvor nach Bissau zurückgekehrt. Guineische Pastoren und Freunde hatten die Situation in Bissau als sicher genug eingestuft und uns Mut gemacht, mit unseren Kindern zurückzukehren. Als amtierende Feldleiter war unsere Rückkehr nach Guinea-Bissau ein wichtiges positives Signal für die übrigen Mitarbeiter unseres Teams, die während des Bürgerkriegs in ihre Heimatländer zurückgekehrt waren. Auch wir selbst hatten den Eindruck, dass es Gottes Zeitpunkt für einen Neustart im Land unserer Berufung war.

Zum ersten gemeinsamen Gebetstag »nach dem Krieg« trafen sich im April 1999 alle Missionare – sowohl diejenigen, die wie wir bereits zurückgekommen waren, als auch jene, die während des Bürgerkriegs im Landesinneren ausgeharrt hatten. In meinem Tagebuch notierte ich damals: »Meta sprach von ›Frieden‹. Da bin ich mir nicht sicher. Aber ich habe die Gewissheit, dass dies der Platz ist, wo Gott uns jetzt haben möchte. Wenn wir nochmals evakuiert werden müssen, dann ist das auch in Gottes Hand. Angst habe ich keine.«

Drei Tage später schrieb ich: »Es gibt starke politische Spannungen. Ich denke oft an eine neue Evakuierung.«

Die ersten drei Wochen war ich hauptsächlich damit beschäftigt gewesen, den Staub und Dreck der letzten neun Monate zu beseitigen und unser Gepäck auszupacken und zu verstauen. Immer wieder stellten wir fest, dass der Frieden vielleicht wohl doch noch nicht permanent eingekehrt war. Thomas und ich unterhielten uns über die Möglichkeit eines »dritten Krieges« (zwei längere Phasen des Bürgerkriegs wurden als erster und zweiter Krieg bezeichnet), aber wir entschieden uns, keinen Notfallkoffer zu packen. Wir hatten doch gerade erst alles ausgepackt!

Am 3. Mai stand in den Losungen: »Herr, ich habe dir meine Sache anbefohlen« (vgl. Jeremia 11,20; LUT). Als wir den Vers im Zusammenhang lasen, stellten wir fest, dass Jeremia sich zu dieser Zeit in einer lebensbedrohlichen Situation befand, ohne etwas davon zu ahnen. Waren wir vielleicht auch in einer gefährlichen Situation, ohne es zu wissen? Der neutestamentliche Vers in den Losungen war 1. Petrus 5,7 (LUT): »Alle eure Sorge werft auf ihn; denn er sorgt für euch.« An diesem Abend schrieb ich in mein Tagebuch das Gebet: »Herr, zeige uns, ob und wann wir weggehen sollen und wohin.«

Zwei Tage später, am Dienstag, traf Thomas in der Stadt zwei deutsche Biologen. Sie sagten ihm: »Wir waren während des ganzen Bürgerkriegs hier, und wir sagen dir: In zwei bis drei Wochen fangen die Kämpfe wieder an.« War das Gott, der uns nochmals warnen wollte? In meinem Tagebuch steht: »Ich denke, ich sollte mich beeilen und zügig einen Notfallkoffer packen.«

Das tat ich bereits am nächsten Tag. An diesem Tag hörten wir dann abends gegen halb sieben Schüsse und Geräusche von Granateinschlägen. Zusammen mit Tausenden von Leuten verließen wir die Hauptstadt. Die meisten mussten zu Fuß fliehen und konnten nicht wie wir den Luxus eines Autos genießen. Wie viel hatten diese Menschen bereits gelitten! Ich weinte, und unsere Tochter war ganz aufgelöst, dass wir nicht mehr Menschen in den zwei Autos mitnehmen konnten – besonders, als sie sah, wie ein alter Mann seine Frau auf dem Rücken tragen musste.

Als der Bürgerkrieg begann, hatten wir immer auf ein schnelles Ende gehofft und dafür anhaltend gebetet. Nun dauerten die

Auseinandersetzungen schon fast ein Jahr. Während ich nachts in der Ferne die Geräusche von Granateinschlägen hörte, fragte ich mich, wie lange es dieses Mal wohl dauern würde. Wir hatten etliches an Essen und Kleidung dabei und waren auf eine längere Wartezeit eingestellt.

Früh am nächsten Morgen wurden alle Ausländer über Radio aufgefordert, Bissau zu verlassen und ins Landesinnere zu gehen. Da dort ein Haus von Kollegen leer und für uns bereitstand, wollten wir sofort losfahren. Aber einige Einheimische überzeugten uns, dass es nicht sinnvoll wäre, in die Hauptstadt zurückzukehren, um von dort ins Landesinnere zu gelangen. So blieben wir, wo wir waren.

Während die Stunden verstrichen, konnten wir mit unseren Essensvorräten einigen Flüchtlingen ein einfaches Mittagessen anbieten. In der Zwischenzeit fuhren Pick-ups mit Verletzten und Toten an uns vorüber. Ich bin Gott bis heute dankbar, dass unsere Kinder das nie wahrgenommen haben. Wir trafen auch Flüchtlinge, die von oben bis unten von Schlamm bedeckt waren: Man hatte ihnen nicht erlaubt, die Straße zu benutzen, und sie hatten im hüfthohen Schlamm durch die Reisfelder fliehen müssen. Sehr schockiert waren wir, als wir hörten, dass fünfzig Menschen im katholischen Zentrum, wo sie Zuflucht gesucht hatten, getötet worden waren.

Am frühen Nachmittag wurde über das Radio bekannt gegeben, dass die Kämpfe zum Ende kamen. Weniger als 24 Stunden, nachdem wir die Missionsstation verlassen hatten, waren wir wieder zurück, und der Bürgerkrieg war endgültig beendet.

Ich bin Gott von ganzem Herzen dankbar, dass er mich auf diese Situation vorbereitet hatte. Da Spontaneität und Flexibilität wirklich nicht meine Stärken sind, weiß ich nicht, wie ich reagiert hätte, wenn Gott uns nicht vorher gewarnt und vorbereitet hätte.

Jutta Weinheimer und ihr Mann Thomas haben vier Kinder und arbeiteten elf Jahre in Guinea-Bissau, bevor sie die Leitung des deutschen WEC-Aussendungszentrums übernahmen.

Gottes Uhr tickt anders

Luise Läufer, Osttimor

Als Kind war ich so ziemlich jedes Jahr einmal recht krank – bis schließlich eine Tuberkulose entdeckt wurde. Das einzige Mittel gegen diese Krankheit war damals eine sehr lange Liegezeit – eine immerwährende Strafe für ein lebhaftes Kind. Mit einer älteren und einer jüngeren Schwester wuchs ich in einer gläubigen Familie auf. Eines Tages besuchte uns eine Diakonisse. Sie kam von sehr weit her. Die Eltern erzählten ihr den ganzen Kummer mit ihrem »kranken Hühnchen«. – Nach einer Zeit des Schweigens sagte sie: »Wir wollen beten.« Nach dem Gebet in mir unbekannter Sprache sagte sie mit großer Gewissheit: »Sie wird wieder gesund und eine Magd des Herrn werden.« Erstaunt fragte ich mich: »Wie kann sie das so sicher wissen?« Die Genesung kam nicht schlagartig, aber sie machte stetige Fortschritte.

Die Gebots- und Verbotsliste unserer christlichen Gemeinschaft machte das Christentum für mich jedoch nicht anziehend. Auch meine Krankheit schien eine Strafe Gottes zu sein. Trotzdem lud ich mit sechzehn Jahren, während einer Evangelisation durch einen auswärtigen Prediger, Jesus in mein Leben ein. Das war ein unbeschreibliches Glück.

Da unser Vater Frührentner war, musste ich meine Familie finanziell unterstützen.

So war ich zuerst als Sekretärin tätig, später folgte die Ausbildung zur medizinisch-technischen Assistentin und die Arbeit im Krankenhaus unserer Stadt. In all den folgenden Jahren gab mir Gott immer wieder Worte, die in Richtung Mission wiesen: »Der Meister ist da und ruft dich«; »Du aber verkündige das Reich Gottes«; »Gehe auch du in meinen Weinberg in der elften Stunde«. Nur das Wann und Wohin blieb noch im Ungewissen. Jede Missionsveranstaltung besuchte ich mit der Erwartung: »Jetzt kommt die Platzanweisung.«

Immer wieder kamen auch Missionare und Missionarinnen in unser Haus. Eine von ihnen fühlte sich nach Osttimor gerufen und war auf der Suche nach einer Mitarbeiterin. Beim Geschirrabwasch sagte Gott ganz leise zu mir: »Du wirst nach Osttimor gehen.« Noch hatte ich keine Ahnung, wo dieses Fleckchen Erde auf der Landkarte zu finden war. Ich wusste nur, dass es ein verschlossenes Land war. So kam mir das alles recht unrealistisch vor. Ich versuchte, es zu vergessen, was mir auch eine gewisse Zeit gelang. Aber Gott vergaß nicht.

Zunächst pflegte ich unsere inzwischen teilgelähmte Mutter und besuchte anschließend Indonesien. Ich fuhr mit der erwähnten Missionarin nach Westtimor und von dort sogar bis an die Grenze des immer noch verschlossenen Osttimor. Die Gegend schien so einsam, geistlich dunkel und depressiv. Zurück in Kupang, der Hauptstadt Westtimors, konnte man mich einen ganzen Nachmittag am einsamen Meeresstrand finden. Dort hörte ich wieder das leise Reden: »Ihn jammerte des Volks und er heilte ihre Kranken« (vgl. Matthäus 14,14).

»Herr«, betete ich, »wenn ich in solch einer einsamen Gegend einen medizinischen Einsatz leisten soll, dann lass mich bitte zuerst in einer ärztlich geführten Missionsstation üben.« Von jenem Nachmittag an stand Gambia vor meinen Augen, ein kleines Land in Westafrika, in dem der WEC eine Klinik betrieb.

Aber zuerst ging es zurück nach Deutschland zu Vaters Pflege – neben der Arbeit im Krankenhaus. Nach Vaters Heimgang bat ich Gott um ein eindeutiges Zeichen: »Herr, wenn das alles von dir und nicht mein eigenes Hirngespinst war, lass mir bitte eine Einladung aus Gambia zukommen.« Das schien menschlich unrealistisch, denn beim WEC wurde zu jener Zeit niemand vom Missionsfeld angefordert oder eingeladen. Man musste sich selbst gewiss sein und einen Ruf für ein Land haben.

Aber zwei Wochen später hatte ich die Einladung aus Gambia in Händen! Modou Camera, der das Labor in Sibanor leitete, plante zur Bibelschule zu gehen und musste ersetzt werden.

Ich bewarb mich also beim WEC, um zuerst nach Gambia und anschließend nach Osttimor zu gehen. Da ich die Lebensmitte bereits überschritten hatte, erschien es der Leitung reichlich absurd, noch zwei verschiedene Kontinente und Kulturen anzusteuern. Dem konnte ich in der Gewissheit zustimmen, dass mein erstes Ziel wirklich Gambia war. Die vielseitige medizinische Arbeit dort machte mir viel Freude.

Drei Jahre später war ich dann tatsächlich in Kupang/Westtimor, um während meiner Arbeit im dortigen Regierungskrankenhaus Kultur und Sprache kennenzulernen. Es folgten weitere Jahre in verschiedenen Tätigkeiten in Indonesien, bis endlich Osttimor seine Grenze für ausländische Mitarbeiter öffnete und ich die erste Gelegenheit nutzte, um nach »drüben« zu kommen. Vom Ruf Gottes bis zum Betreten meines »verheißenen Landes« waren inzwischen mehr als zwanzig Jahre vergangen! Gottes Uhr tickt anders als die unsrige. Doch es lohnt sich, an seiner Verheißung festzuhalten. Die rund zwanzig Jahre, die er mir noch in Osttimor schenkte, gehören zu den Höhepunkten meines Lebens.

Klinik »Imanuel« in Osttimor

Ohne Mitarbeiterin aus dem Westen tauchte ich ganz in die timoresische Kultur ein und baute mit zwei indonesischen Krankenschwestern und zwei timoresischen Helferinnen eine Poliklinik am Ende der Insel auf. Die »Buschtrommel« brachte diese Neuigkeit in die Berge und Täler. In zum Teil stundenlangen nächtlichen Fußwanderungen brachte man die Kranken. Die ganze Lage war dazu angetan, mit Gottes allmächtiger Hilfe zu rechnen und diese Hilfe zu erfahren.

Beim Krankenbesuch in einem der Dörfer rief uns ein Mann in seine Hütte. Der etwa siebenjährige Patient war nicht sein eigener Sohn; der Mann war offensichtlich der »Medizinmann«, dem dieses Kind anvertraut war. Aber er schien mit seiner Weisheit am Ende. Wir nahmen ihn und das Kind mit in unsere Klinik, da Typhusverdacht bestand. Der Junge wehrte sich wie ein Löwe gegen die Medizin, was oft geschah, wenn der »Zauberer« zuvor bereits seine Hände im Spiel gehabt hatte. Es wurde uns erlaubt, mit dem Jungen zu beten. Gleich anschließend schluckte er die Tabletten widerstandslos – und wurde gesund.

Ein anderes Mal brachten die Eltern ein schwer krankes Kleinkind zu uns. Auch sie waren beim Medizinmann gewesen – ohne Erfolg. »Jetzt können wir nur noch auf den Tod warten!«, war dessen letzter Befund. Auch diesmal durften wir beten. Und Gott tat das Wunder der Genesung.

Die Eltern eines etwa anderthalbjährigen schwerkranken Mädchens suchten uns auf. Sie waren schon im Krankenhaus, bei der Gesundheitsstation ihres Dorfes und zuletzt beim Medizinmann gewesen. Sein Befund: »Am nächsten Dienstag stirbt das Kind!« Jetzt war Donnerstag. Verzweifelt kamen sie zu uns. Diesmal ließen sie unser Gebet sogar gern zu. Am besagten Dienstag dankten wir mit den Eltern dann für die Heilung!

»Unser Gott ist ein Gott, der rettet! Der allmächtige Gott befreit uns vom Tod.« Es lohnt sich, *ihm* zu vertrauen.

Luise Läufer (Deutschland) arbeitete zwanzig Jahre lang in Osttimor als Leiterin einer Klinik und im Verkündigungsdienst. 1999 erlebte sie in der bewegten Zeit vor und nach der

Unabhängigkeit des Landes vielfältige Gefahren und Kriegshandlungen.

Luise Läufer

Das Paket

Jenny Carter, Großbritannien

Während eines Gemeindewochenendes fragte mich jemand: »Was ist Ihre Aufgabe beim WEC?« »Ich arbeite im Finanzbüro«, antwortete ich. »Ach, wie langweilig!«, erwiderte meine Gesprächspartnerin – und das Gespräch war beendet.

Meine zwölfjährige Tätigkeit im Finanzbüro des englischen WEC-Aussendungszentrums kann ich keineswegs als »langweilig« bezeichnen; im Gegenteil, sie war für mich:

Faszinierend: Ich konnte Menschen treffen, die in allen Teilen der Welt im Einsatz waren und zu uns zu Besuch kamen. Ich erfuhr von ihrem Leben und Dienst. Wir lernten auch ihre Unterstützer, Freunde und Familien kennen.

Interessant: Wir standen in Kontakt mit den Finanzbüros der WEC-Aussendungszentren und mit den Arbeitsgebieten in aller Welt.

Herausfordernd: Wenn die Finanzen knapp wurden, waren wir alle zum Gebet aufgerufen.

Intensiv: Jeden Monat mussten Zahlungstermine eingehalten werden.

Anregend: Wir waren unmittelbar am Leben vieler Menschen beteiligt, sodass wir uns auch im persönlichen Gebet und in der gemeinsamen Gebetszeit stärker engagierten.

Glaubensprüfend: Im Hinblick auf die finanziellen Bedürfnisse der einzelnen Mitarbeiter, der Missionsfelder und Projekte waren wir bewusst von Gottes Versorgung abhängig.

Ein Privileg: Ich gehörte zum Finanzkomitee. Jeden Monat trafen wir uns, um über die finanziellen Zuteilungen aus der »Allgemeinen Kasse« für die Mitarbeiter zu beraten. Wir konnten immer wieder größere Gaben an bedürftige Personen oder an Projekte weiterleiten.

Aufregend: Oft wurden Gebete um Gaben für die Allgemeine Kasse und für andere Bedürfnisse erst in letzter Minute erhört.

Als ich 1979 gerade die Verantwortung für das Finanzbüro übernommen hatte, wurde beschlossen, eine weitere Etappe der Renovierung unseres denkmalgeschützten Gebäudes anzugehen. Teile des von Säulen gestützten Vorbaus drohten einzustürzen, ein mit Backsteinen stabilisierter Bogen musste renoviert werden und fehlende Zierformen waren zu ersetzen. Im Inneren gehörten außerdem die Zimmer zweier Stockwerke zu diesem Projekt, und im Dachgeschoss sollten zusätzliche Räume entstehen. Für diese Baumaßnahmen waren zusätzlich 110 000 Britische Pfund erforderlich. Das Geld dafür hatten wir nicht – und den Glauben, dass wir es erhalten würden, auch nicht sofort, sondern erst nach Gebet.

Für die anspruchsvollen Außenarbeiten benötigten wir echte Fachleute, denn da es sich um ein denkmalgeschütztes Gebäude handelte, musste der Originalzustand wiederhergestellt werden. Wir hatten keine andere Wahl. Wir erklärten den Bauleuten unsere Grundhaltung in Finanzdingen, und sie waren bereit, sich darauf einzulassen.

Im Verlauf des Projekts mussten die Arbeiten nach Baufortschritt bezahlt werden, jedes Mal etwa 10 000 Pfund. Jede dieser Etappen erforderte besonderes Gebet. Wenn wir im Finanzbüro erwartungsvoll die Briefe öffneten, waren wir immer wieder erstaunt, wie Spenden für diesen besonderen Zweck eingingen. Die ersten Beträge waren meist kleinere Summen, die einfach in den Briefkasten an unserer Tür im Gang gesteckt wurden. Diese Spenden, offensichtlich von Mitarbeitern gegeben, die selbst im Haus lebten, waren kleine Vorboten größerer Gaben. Gott wirkte auf unterschiedliche Weise. Gegen Ende der Baumaßnahmen wurde, ganz unabhängig von diesem Projekt, die Entscheidung getroffen, ein großes ungenutztes und unbenutzbares Stück Land zu verkaufen. Von diesem Geld konnte die letzte Rechnung bezahlt werden.

Während meiner Jahre im Finanzbüro war in der Allgemeinen Kasse selten Geld für den kommenden Monat »übrig«. Jeden Monat brauchten wir damals mindestens 30 000 Pfund, um allein die Mitarbeiter in Übersee zu versorgen. Und die Mitarbeiter in der Heimatzentrale waren ebenso wie die Außenmissionare mit ihren Finanzen auf Gott angewiesen. Nur ein einziges Mal im Lauf von zwanzig Jahren mussten wir die Zuteilung für unsere Missionare um fünf Pfund pro Person kürzen, konnten aber im nächsten Monat wieder fünf Pfund zusätzlich überweisen!

Diese Zuteilung aus der Allgemeinen Kasse hatte für uns Vorrang vor allen anderen Ausgaben. Das Geld kam von treuen Spendern, aus Zinsen, Erbschaften, Steuerrückzahlungen und anderen Quellen. In meiner Anfangszeit im Finanzbüro wurde die Höhe der Spenden aufgeschrieben. Ein älterer Mann beispielsweise spendete viele Jahre lang zweimal monatlich 2 Pfund. Als er starb, ergaben die Beträge zusammengerechnet über 1 000 Pfund, ein Betrag, den er vermutlich zu keinem Zeitpunkt in seinem Leben besessen hatte.

Oft war das Ende des Monats eine äußerst spannende Sache, denn erst wenn der monatliche Bankabschluss und die Post für den Monatsabschluss eingegangen waren, wussten wir das Endergebnis. Deshalb traf sich der Finanzausschuss damals immer am ersten Arbeitstag des Monats.

An einem letzten Freitag des Monats fehlten uns 13 000 Pfund. Was konnten wir tun? Wir sprachen darüber, beteten und überlegten hin und her. Dann machte Pauline Nicholas, die damals zusammen mit ihrem Mann Colin das englische Aussendungszentrum leitete, den Vorschlag, sich am Montag darauf nochmals zu treffen. Und tatsächlich – der erste Umschlag, den Colin Nicholas am Montag öffnete, enthielt einen Scheck über 13 000 Pfund! Gott hatte es wieder möglich gemacht.

Das Aufregendste ereignete sich in den späten 1980er-Jahren. Ende des Monats war unsere Allgemeine Kasse auf einem Tiefstand. An einem Sonntag, als die meisten Mitarbeiter im Gottesdienst waren und nur einige wenige ihren Wochenendverpflichtungen im Haus nachgingen, bekam ich einen Anruf in mein Zimmer. Es war Colin Nicholas, der mich bat, ins Finanzbüro zu kommen. Ich fragte mich, ob ich wohl etwas falsch gemacht hätte, und eilte nach unten. Colin saß an meinem Schreibtisch und hatte ein großes Paket vor sich. Seine Frau hatte es hinter dem Empfangsschalter gefunden. Sie dachte, es könne eine Paketbombe sein (in jener Zeit keine Seltenheit), und hatte Colin gerufen, der es öffnete. Als er merkte, was darin war, trug er es ins Finanzbüro und rief mich an. Das Paket war vollgepackt mit Geldscheinen in lauter sorgfältig gefalteten kleinen Bündeln! Wir zählten sie. Es waren 26 000 Pfund, genau der Betrag, den wir für diesen Monat noch brauchten. Von wem kam dieses Geld? Wer war an diesem Sonntagmorgen hereingekommen und hatte es hinterlassen? Wir haben es nie erfahren. Wieder einmal erlebten wir Gottes Treue und die erstaunliche Opferbereitschaft und Freigiebigkeit seiner Kinder.

Sollte die Arbeit im Finanzbüro des WEC also langweilig sein? Keineswegs!

Epheser 3,20a: »Durch die mächtige Kraft, die in uns wirkt, kann Gott unendlich viel mehr tun, als wir je bitten oder auch nur hoffen würden.«

Von 1976 bis Mitte der 1980er-Jahre arbeitete Jenny Carter im englischen Finanzbüro, danach war sie in der Administration der internationalen Leitung des WEC tätig. Anschließend folgte ein Dienst für Mitarbeiter im Ruhestand.

Colin Nicholas

Jenny Carter

»Dieser Mann wird nicht sterben!«

Jenny Kallmier, Indonesien

Es war ein gutes Wochenende bei der Studentenkonferenz im Südosten von Java gewesen. Unsere kleinen Kinder hatten das übliche In-die-Backe-Kneifen und Streicheln stoisch über sich ergehen lassen, weil es einfach so viel Spaß machte, mit diesen wunderbaren jungen Indonesiern zusammen zu sein.

Auf unserer langen Heimreise tauschten mein Mann Trevor und ich uns über einzelne Begebenheiten während der Konferenz aus und dankten Gott für das, was er getan hatte. Gerade fuhren wir eine lange, steile Kurve hinauf, als uns plötzlich ein Motorradfahrer entgegenkam, der sich falsch in die Kurve gelegt hatte und deshalb weit auf unsere Seite geraten war. Trevor riss das Lenkrad schnell herum, sodass das Auto gefährlich nahe an dem steilen Bergabhang zum Stehen kam. Aber es reichte dennoch nicht. Wir spürten einen Aufprall, drehten uns um und sahen den Fahrer auf dem Boden liegen. Er blutete am Kopf, der Motor seines Fahrzeugs heulte wild. Als wir aus dem Auto sprangen, um dem Fahrer zu Hilfe zu eilen, schossen mir zwei Stoßgebete durch den Kopf: »Herr, bitte schütze und heile den Mann!« und: »Bitte beschütze Trevor!« Wenige Minuten später kam ein Polizeiauto. Wir waren erleichtert. Doch die beiden Polizisten waren mehr an der juristischen Sachlage interessiert als an Erster Hilfe und Barmherzigkeit. Nach einem kurzen Überblick befahlen sie Trevor, in das Polizeiauto zu steigen und mit zum Verhör auf die Polizeistation zu kommen. Ich blieb mit drei kleinen Kindern, einer Mitarbeiterin und dem schwer verletzten Mann an der Straßenseite zurück.

»Dieser Mann wird nicht sterben!«, rief ich schluchzend, während ich die Fliegen von seinem blutigen Kopf verscheuchte. Ich nahm das *Selendung* (Tragetuch für Kleinkinder) und band es dem Mann um den Kopf, um die Blutung zu stillen. Gleichzeitig fragte ich mich, wo sich wohl das nächste Krankenhaus befand.

Ein Bus voller interessierter Beobachter fuhr vorbei; dann hielt ein Motorrad bei uns an. »O nein«, stöhnte ich innerlich, »nicht noch mehr Schaulustige!« Doch die zwei jungen Männer auf dem Motorrad erwiesen sich als »Engel«. Sie trugen den verletzten Mann zu unserem Auto, und einer der beiden fuhr uns alle in die nächste Stadt, wo sich eine kleine medizinische Versorgungsstelle befand. Inzwischen war mir der verletzte, bewusstlose Fremde zu einer persönlichen Verantwortung geworden. Ich sorgte mich um seinen Gesundheitszustand, aber ich machte mir auch Sorgen, was mit Trevor geschehen würde, falls der Mann sterben würde. In der Regel sah man uns reiche Ausländer immer als die schuldige Partei an, es sei denn, man konnte seine Unschuld beweisen.

Während ich also »meinen« Patienten in den Behandlungsraum begleitete und dabei unablässig die Fliegen verscheuchte, wurde Trevor auf der Polizeistation verhört. Der Polizist forderte gerade Trevors Pass, als der Kommandant ins Zimmer trat. Dieser Mann war viel älter und umsichtiger. Er erinnerte sich an einen ähnlichen Vorfall, bei dem ein Ausländer fälschlicherweise beschuldigt worden war. Nachdem er sich Trevors Geschichte angehört hatte, schlug er deshalb vor, dass sie zusammen zum Unfallort zurückkehren sollten, um den Tathergang zu untersuchen. Dort sahen sie deutlich den Abdruck unserer neuen Reifen in der Erde an der Straßenseite.

Währenddessen wartete ich im Behandlungsraum, betete und verscheuchte weiter die Fliegen. Mein provisorischer Verband war entfernt worden, nun sollte die Wunde mit unverdünntem Desinfektionsmittel gereinigt werden. Vorher wollte man dem verletzten Mann jedoch noch ein rohes Ei einflößen. »Warum?«, fragte ich. »Wenn er das hinunterschluckt, wissen wir, dass er durchkommt«, war die Antwort. Ich fragte nicht weiter, was passieren würde, wenn mein bewusstloser Unbekannter das Ei nicht würde schlucken können, und sagte einfach: »Nein, danke.« Erst einige Monate später erfuhr ich, dass dies zu einem mystischen Ritual der javanischen Kultur gehörte. Einige Leute überleben es, das rohe Ei eingeflößt zu bekommen, andere nicht; vor allem dann nicht, wenn sie bewusstlos sind.

Der Krankenpfleger begann nun, die Wunde zu reinigen und zum Nähen vorzubereiten. Ich hatte viele ungeklärte Fragen bezüglich der weiteren Behandlung, aber ich wusste, dass ich den Verletzten der Fürsorge unseres himmlischen Vaters anvertrauen und zu meiner Familie zurückkehren musste.

Trevor und Jenny Kallmier

Die Kinder waren mittlerweile von Leuten umringt, da sie mit ihrer weißen Haut und den blonden Haaren überall Bewunderung auf sich zogen. Ihnen war es überhaupt nicht langweilig. Man hatte ihnen zu essen und zu trinken gegeben, und unsere treue Mitarbeiterin hatte ein wachsames Auge auf sie gehabt.

Es wurde langsam spät und immer unwahrscheinlicher, dass wir heute noch nach Hause kommen würden. Wo konnten wir in dieser kleinen Stadt die Nacht verbringen? Bald darauf kehrte Trevor zu uns zurück und erzählte: »Der Polizeikommandant hat uns eingeladen, bei ihm zu übernachten.« Welch eine erstaunliche Wendung dieser Ereignisse! Von verdächtigen Unfallbeteiligten wurden wir zu geehrten Gästen. Nur Gott konnte so etwas tun.

Trevor reiste später noch mehrere Male in diese kleine Stadt zurück, um weitere Einzelheiten bezüglich des Unfalls zu klären. Es gelang ihm auch, einen einheimischen Christen mit dem verletzten Mann, der übrigens vollständig geheilt wurde, in Kontakt zu bringen.

Diese Situation, die in vielerlei Weise extrem schwierig hätte werden können, wurde durch Gottes Hand eine Gelegenheit, in der sich seine Treue zeigte.

Jenny und Trevor Kallmier (Australien) waren nach einem Einsatz in Java (Indonesien) als Leiter des WEC-Aussendungszentrums in Australien, als Verantwortliche für die Region Asien und bis 2011 als Internationale Leiter des WEC tätig.

Eine ungewöhnliche Taxifahrt

Eva, Naher Osten

Es war 4.00 Uhr morgens, als das Haustelefon klingelte: »Ihr Taxi zum Flughafen ist da, Madame!« Als ich aus dem Haus trat, freute ich mich an der Stille der sonst so geräuschvollen Straßen. Da ich keine Frühaufsteherin bin, war mir diese Stille gerade recht. Der Taxifahrer schien das zu respektieren, wenigstens während der ersten Minuten dieser Fahrt. Aber dann konnte er seine Neugier doch nicht mehr zurückhalten.

»Kann ich Sie etwas fragen, Madame?« »Ja, warum nicht!«, erwiderte ich. »Darf ich fragen, welcher Religion Sie angehören? Bitte verzeihen Sie, dass ich solch eine persönliche Frage stelle.« »Kein Problem, mein Herr. Ich bin eine Nachfolgerin Jesu.«

»Dachte ich es mir doch!«, rief er aus. »Ich habe das sofort gespürt, als Sie sich ins Auto setzten!« »Wieso?«, fragte ich, plötzlich sehr wach und innerlich auch etwas besorgt, ob diese Bemerkung ehrlich gemeint oder irgendeine Falle war.

»Wissen Sie, ich hatte neulich einen Traum. In diesem Traum empfand ich unglaublichen Frieden, Freude und Liebe. So etwas habe ich noch nie erlebt. Und wie Sie sehen, lebe ich ja schon ein Weilchen. Als Sie jetzt in mein Auto einstiegen, spürte ich wieder genau denselben Frieden, dieselbe Freude und Liebe! Deshalb dachte ich, dass Sie eine Nachfolgerin Jesu sein müssten.«

Wenn es ihm ernst war mit dem, was er sagte, musste es wirklich die Gegenwart des Herrn sein, die durch mich hindurchschien, so verschlafen wie ich war, als ich einstieg. Welch eine Ermutigung war das! Eine Bestätigung des Glaubens, den wir hier in einem Land zu leben versuchen, in dem man nicht einfach das Evangelium offen weitersagen kann. Wir gehen davon aus, dass wir Jesus immer verkündigen, auch wenn wir dazu kaum Worte benutzen können.

»Was haben Sie denn geträumt?«, fragte ich. »Mein Traum war eigentlich sehr einfach«, antwortete er. »Es war jemand da, der mich nur anschaute. Aber die Art, wie er mich anschaute, war so voll Liebe. Das ging mir durch und durch und berührte mich im Innersten. Es war eine Liebe, die größer als die ganze Welt war, gleichzeitig aber auch sehr persönlich – eine Liebe speziell für mich! Er liebte mich! Er hatte ein weißes Gewand an, aber das Wichtigste waren seine Augen und die Art, wie er mich anschaute. Ich wusste sofort, dass es Jesus war. Ich weiß nicht warum, aber er muss es mir irgendwie ohne Worte klargemacht haben. Ich spürte auch, dass er alles über mich wusste, auch alles, was ich jemals getan hatte, aber dass er mich trotzdem mit dieser tiefen Liebe und Annahme liebte.«

Als er zu reden aufhörte, standen Tränen in seinen Augen. Er war völlig aufrichtig.

»Wissen Sie, was so wunderbar ist?«, fragte ich. »Alle Imame, über die die Leute im Islam reden, sind tot, aber Jesus lebt!«

»Natürlich lebt er«, erwiderte er. »Ich habe ihn ja gesehen! Und der Traum war so deutlich, dass ich mir sicher bin, es war mehr als ein bloßer Traum. Es war wie eine Vision und hat mein ganzes Leben völlig verändert. Keine tote Person hätte das geschafft. Ich bin jetzt auch ein Nachfolger Jesu. Ich möchte ihn immer besser kennenlernen.«

Nach diesen Worten konnten wir einfach nicht mehr still sein. Wir spürten beide, dass der Heilige Geist in dieser zufälligen Begegnung wirkte. So nutzten wir die unerwartete Gelegenheit, um uns gegenseitig zu ermutigen. Viel zu schnell waren wir am Flughafen. Es war uns bewusst, dass wir nach dieser intensiven Zeit des gegenseitigen Kennenlernens und der Gegenwart Gottes voneinander Abschied nehmen mussten und uns höchstwahrscheinlich nie wieder begegnen würden. Aber wir gingen beide in der Kraft, die die Freude am Herrn mit sich bringt, auf unseren unterschiedlichen Wegen in diesen neuen Tag hinein.

Der Name der Autorin wurde aus Sicherheitsgründen geändert.

Gott ist immer noch größer

Jill Johnstone, England

Als wir zum ersten Mal hörten, dass ich wahrscheinlich Krebs hätte, stellten mein Mann Patrick und ich uns bewusst diesem Sachverhalt. Mutet Gott seinen Kindern Leiden zu? Ist es immer sein Wille, uns zu heilen?

Ich hatte von den Qualen der Frau eines Gemeindeleiters gelesen, die an Krebs erkrankt war. Ihr Mann predigte und glaubte, dass es stets Gottes Wunsch sei, auf Gebet hin zu heilen. Während sie immer schwächer wurde, empfand sie, dass sie ihren Mann durch ihr Krebsleiden enttäuschte. Sie konnte nicht mit ihm darüber sprechen und hätte doch gerade in dieser Zeit sein tiefes Verständnis und seinen Beistand am meisten gebraucht.

Patrick und ich sprachen darüber, und uns wurde bewusst, dass überall auf der Welt Menschen an Krankheiten sterben. Manche haben keine liebevolle Familie, keine Freunde, keine schmerzstillenden Mittel, am schlimmsten aber: kein Wissen von der Liebe Jesu und der Hoffnung auf ein Leben nach dem Tod. Wir dagegen haben durch Jesus Liebe, Freundschaft, Frieden und Zukunftshoffnung und können in einer solchen Zeit genug Stärkung und Kraft bei ihm finden.

Als ich zur Biopsie im Krankenhaus war, las ich Jesaja 48,16 und 50,10. Die beiden Verse schienen sich zu widersprechen. Der erste lautete: »Tretet her zu mir und hört dies! Ich habe von Anfang an nicht im Verborgenen geredet; von der Zeit an, da es geschieht, bin ich auf dem Plan« (LUT). Der zweite Vers hieß: »Wer von euch fragt nach dem Herrn, wer hört auf seinen Bevollmächtigten? Er darf wissen: Auch wenn sein Weg durchs Dunkel führt und er nirgends ein Licht sieht – auf den Herrn kann er sich verlassen, sein Gott hält und führt ihn« (GNB).

Was wollte mir Gott dadurch sagen? Würde er mir klar zeigen, was geschehen sollte – oder sollte ich ohne einen Lichtstrahl im Dunkeln wandern? Kurz danach kam der Krankenhausseelsorger, um mit mir zu sprechen, und sagte: »Ich würde Ihnen gern einen Vers geben: Jesaja 50,10.« – Wie groß ist Gott! Von diesem Augenblick an verstand ich es so, dass Gott mir klar sagen würde, was geschehen wird. Mein Weg würde zwar ohne einen Lichtstrahl durch Dunkelheit führen, aber ich konnte dem Herrn vertrauen und mich auf ihn verlassen.

Die Biopsie ergab, dass ich Metastasen im Rückgrat hatte, die von Krebs in einem anderen Teil des Körpers herrührten. Die Bestrahlungen hatten erstaunlichen Heilungserfolg, was mein Rückgrat betraf, aber mir wurde gesagt, dass ich nur noch wenige Monate zu leben hätte.

Seither bin ich ziemlich normal meiner Arbeit im Büro nachgegangen und habe auch die Ausgabe von »Kinder beten für die Welt« fast fertiggestellt. Freunde auf der ganzen Welt haben mir liebevolle Briefe geschrieben und für mich gebetet. Im Januar 1991 betete die Hausgemeinschaft in Bulstrode nach Jakobus 5,14 für mich. Bin ich geheilt? An dem Punkt muss sich das Vertrauen zu Gott zeigen, denn der Weg führt immer noch durch das Dunkel ohne Licht. Vor Kurzem sind die Schmerzen wieder schlimmer geworden, mein Zustand hat sich verschlechtert. Durch Untersuchungen wurde sekundärer Krebs im Rückgrat und auch im Gehirn festgestellt; ich bekomme Bestrahlungen. Manche meiner Bekannten meinen, ich solle im Glauben an Heilung festhalten, aber ich sehe keine Notwendigkeit, Gott um etwas zu bitten, was er mir nicht ausdrücklich versprochen hat. Natürlich kann Gott mich heilen, aber ist es Mangel an Glauben, wenn man bereit ist, in ihm zu ruhen, egal, wie er handeln wird?

Meine Kinder Peter (22), Tim (20) und Ruth (18), alle gläubige Christen, sind mir eine große Stärkung und die Liebe Jesu ist so real und ermutigend für mich geworden, dass wir große Freude empfinden, egal, was die Zukunft bringt. Leben und Sterben scheint gar nicht mehr die Hauptsache zu sein, viel wichtiger dagegen Gottes Reich, seine Absichten und seine Frucht in unserem Leben. Es ist eine wunderbare neue Erfahrung, im Dunkeln zu wandern, wenn man einen Gott hat, dem man vertrauen und auf den man sich verlassen kann. Ich kann zwar kaum mehr die Treppe hochgehen, aber in meinem Herzen tanze ich!

Jill Johnstone stand mit ihrem Mann Patrick jahrelang in der internationalen Leitung des WEC (in der Zentrale Bulstrode bei London) und war an der Entstehung des Gebetsführers »Operation World« (Gebet für die Welt) beteiligt. 1992 starb sie an Krebs.

Jill Johnstone

Eine Hose für die Kirche

Jim Mitchell, Thailand

Es machte Herrn Eem nichts aus, dass er bis zu den Knöcheln im Schlamm watete. Er hatte eine alte, zerrissene Hose an – seine einzige noch brauchbare. Obwohl er immer wieder ausrutschte und Mühe hatte, sich im glitschigen Schlamm aufrecht zu halten, sprudelte er über vor Freude. Heute wollte er sich auf dem Markt in Bantak eine neue Hose kaufen. Er sah sie förmlich vor sich: aus feinem Stoff, mit Bügelfalten. Beim Gottesdienst am kommenden Sonntag wollte er sie zum ersten Mal tragen. Das Geld dafür hielt er fest in der Hand: 300 Baht, etwa 10 Dollar.

Er schlitterte das Flussufer hinunter zur Fähre, einem lang gestreckten, schmalen, ziemlich flachen Motorboot. Ein halbes Dutzend Passagiere kauerte auf Brettern, die als Sitzbänke dienten. Der Bootsbesitzer wand das Seil um das Anlasserrad und zog kräftig daran. Der Motor heulte ohrenbetäubend auf, das Boot glitt in den Fluss hinaus und ratterte Richtung Bantak.

An der Anlegestelle kletterte Herr Eem aus der Fähre und besuchte erst einmal »Tante Ray« in ihrem kleinen Schneidergeschäft. Sie war das älteste Gemeindemitglied, und die Gottesdienste wurden gewöhnlich in ihrem Haus abgehalten.

»Guten Tag, Tante, wie geht es Ihnen?«

»Mir geht es gut, und ich bin so begeistert, dass wir eine Kirche bauen! Das Holz ist bestellt und wird in den nächsten Tagen von den Männern gebracht. Aber wir haben immer noch zu wenig Geld, um Ziegel für das Dach zu kaufen.«

»Wir sind auch froh, dass wir eine Kirche bauen. Wir beten jeden Tag, dass der Herr uns dabei hilft. Wir brauchen noch einiges an Geld dafür, nicht wahr? Und die meisten von uns Christen sind ja ziemlich arm. Wo werden wir wohl das Geld herbekommen?«

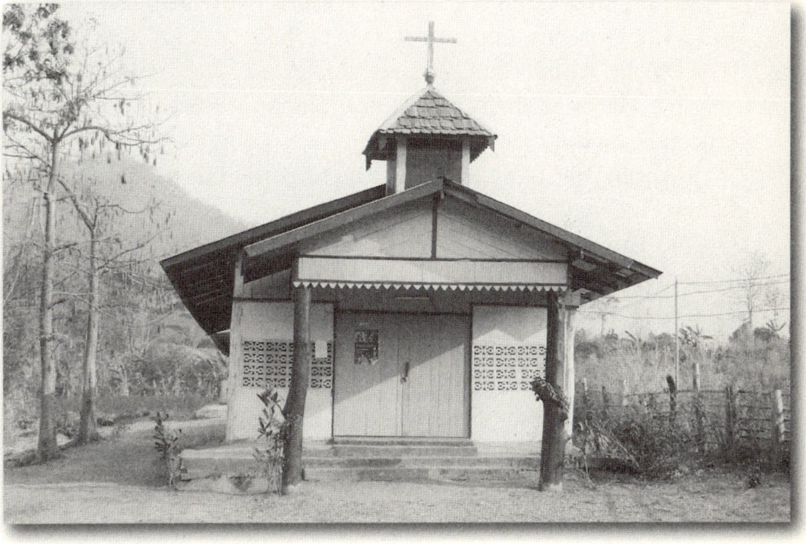

Kleine thailändische Kirche

»Oh, der Herr wird für alles sorgen, wenn wir ihm vertrauen.«

Da bemerkte Herr Eem ein Bündel gebrauchter Kleider, das im kleinen Schneidergeschäft der Tante lag.

»Was ist denn in dem Bündel, Tante?«

»Ach, nur ein paar gebrauchte Kleider, die mir jemand gegeben hat. – Schauen Sie mal! Da ist eine Hose drin, die Ihnen passen könnte.«

Sie öffnete das Bündel und zog eine Hose heraus. Er probierte sie an, und sie musste bei seinem Anblick lachen. Die Hose war weit genug, dass er zweimal darin Platz gehabt hätte. Außerdem war sie viel zu lang.

Da hatte er eine Idee: »Sagen Sie, Tante, können Sie die Hose so ändern, dass sie mir passt?«

Sie nahm das Maßband, steckte sich ein paar Stecknadeln zwischen die Lippen und begann abzumessen und abzustecken. »Ich denke, es lässt sich leicht machen«, meinte sie.

Schnipp! Schnipp! Schnipp! Und schon ratterte die Nähmaschine.

»Hier, probieren Sie sie an!« Herr Eem probierte die gebrauchte Hose an, und sie saß fast perfekt.

»Das ist wunderbar. Wie viel kostet es?«

»Ich verlange doch nichts von einem anderen Christen für eine gebrauchte Hose.«

»Wären 300 Baht genug?«, fragte er mit einem fast unmerklichen Augenzwinkern.

Die Tante schnappte nach Luft. »Sind Sie noch bei Verstand, Herr Eem? Sie wissen doch, dass Sie für 200 Baht auf dem Markt eine neue Hose kaufen können! Was reden Sie denn da?«

»Ich kam heute mit 300 Baht her, um mir auf dem Markt eine neue Hose zu kaufen. Nun hat der Herr mir diese schöne Hose gegeben. Und wissen Sie, was? Ich werde die 300 Baht für den Bau unserer Kirche spenden.«

Er tat es und gab sein Geld mit Freuden weg.

»Gott liebt den Menschen, der gerne gibt« (2. Korinther 9,7).

Jim Mitchell und seine Frau Emma (Großbritannien) arbeiteten ab den frühen 1960er-Jahren in Thailand, bevor sie eine Tätigkeit im WEC-Aussendungszentrum in England übernahmen.

Ein Herzfehler und seine Folgen

Ilse-Marie Neuroth, Deutschland

Als sich Christine (»Chrissie«) Urquhart und David Batchelor 1934 bei einer Opernaufführung in Schottland kennenlernten, konnte keiner von ihnen ahnen, dass Gott sie einmal gemeinsam in einen außergewöhnlichen Dienst stellen würde. David hatte gerade seine Banklehre beendet. Chrissie, eine Musikliebhaberin mit ausgebildeter Stimme und pianistischen Fähigkeiten, arbeitete bei einer Hutmacherin. Schon bald planten sie eine gemeinsame Zukunft: Verlobung, Banktätigkeit von David in Trinidad, nach vier Jahren Hochzeit, dann gemeinsames Leben irgendwo in der Karibik.

Doch in Trinidad begegnete David einem Mann, für den Jesus Christus eine lebendige Realität war, und so kam er 1937 zum Glauben. Von Gott innerlich tief angesprochen, gab David seine Anstellung auf und reiste nach Großbritannien zurück – wo Chrissie ebenfalls zum Glauben gefunden hatte. Gemeinsam gingen sie an das Bibelinstitut in Glasgow, um sich dort auf einen missionarischen Dienst bei der *China Inland Mission* vorzubereiten. Als Chrissie aufgrund eines Herzfehlers, den sie sich durch eine schwere Grippe zugezogen hatte, für den Auslandsdienst abgelehnt wurde, waren beide schockiert. »Wir waren so sicher gewesen, dass dies der rechte Weg sei, Gottes Weg für uns! Aber alles Wünschen konnte die Tatsachen nicht ändern …«, schreibt David in seinen Lebenserinnerungen.

Batchelors begannen, sich für den WEC zu interessieren, als sie erfuhren, dass diese Missionsgesellschaft auch in subtropischen Ländern arbeitete, die für Chrissies Gesundheit eher geeignet waren als die Tropen. Auch Bulgarien schien eine Möglichkeit für sie zu sein. Doch es kam anders. Mitten im Zweiten Weltkrieg wurden sie gebeten, sich in der Regionalarbeit des WEC in Manchester einzusetzen, eine erste Vorbereitung auf den späteren Dienst der Mobilisierung von Missionaren.

David und Chrissie Batchelor

1947 reiste David in die Schweiz aus, während Chrissie mit ihrem inzwischen geborenen Sohn Fred in England blieb – die Schweiz erteilte keine Aufenthaltserlaubnis für Familien. So war die Familie über ein Jahr lang getrennt. David lernte Deutsch, knüpfte Beziehungen und war mit der Vorbereitung einer Missionszeitschrift beschäftigt. 14 Monate nach seiner Ankunft in der Schweiz gründete er den Schweizer Zweig des WEC, vier Wochen später erschien die erste Ausgabe der Zeitschrift »*Weltweit*«.

David reiste viel und machte die Möglichkeiten der Missionsarbeit nicht nur in der Schweiz bekannt, sondern auch in Skandinavien und in Westeuropa. »In den ersten zehn Jahren unserer Zeit auf dem Kontinent war ich jedes Jahr sechs bis acht Monate unterwegs«, schreibt David. Dies bedeutete lange Trennungszeiten von der Familie. Chrissie unterstützte David rückhaltlos, wenn auch nicht immer unangefochten, und trug dadurch sehr viel zu seinem Dienst bei.

Der Gedanke, in Deutschland zu arbeiten, kam erst nach und nach auf. Im Dezember 1950 konnten Batchelors als Familie in ein kleines Dorf im Elsass ziehen, einige Jahre später ließen sie sich in Mulhouse nieder. Im Winter 1956/57 lebten die ersten deutschen Kandidatinnen drei Monate bei ihnen als Teil ihres sechsmonatigen Kandidatenkurses. Eine weitere Veränderung kündigte sich an: Um deutsche Missionskandidaten *in Deutschland* auf ihren Einsatz vorzubereiten, wurde erneut ein Umzug notwendig. David schreibt: »Als wir dieses schließlich als Gottes Führung erkannten, sahen wir uns einer Möglichkeit gegenüber, die uns bis dahin noch nie in den Sinn gekommen war, nämlich zu zweit nach Deutschland zu gehen und unsere Jungen in einem christlichen Internat in England unterzubringen. Christopher war sieben Jahre alt und Fred zwölf. Selbst jetzt (1979), da ich dies rund 22 Jahre später schreibe, fühle ich die kalten Schauer, die mir bei diesem Gedanken den Rücken hinunterliefen ... Das war der Beginn einer elfjährigen Trennung als Familie. Es war ein Teil des Preises, den wir für die Gründung von Heimatzentren auf dem Kontinent zahlen mussten, ein Preis, der zu einem beträchtlichen Teil von den Jungen zu tragen war ... Doch möchten wir bezeugen, dass Gott uns als Familie gesegnet hat, trotz der Trennungen.«

Das erste »Missionshaus« in Deutschland bestand aus einem Allzweckraum mit Kochnische in Sulz am Neckar. Beim Aufbau ihrer Arbeit verfolgten Batchelors im Grunde nur *eine* Strategie: »Offenheit für die Leitung Gottes bei der Gewinnung deutscher vollzeitlicher Mitarbeiter und das Versprechen, Gott niemals im Weg zu stehen, falls er früher oder später einen Leitungswechsel ankündigen würde.«

Zu zwei Kirchengemeinden, einer in Lübeck und einer anderen in Mannheim, entstand eine besondere Verbindung. Aus der Lübecker Gemeinde schlossen sich im Lauf der folgenden Jahre 14 Personen dem WEC an, darunter die beiden Söhne des Pfarrers Dr. Horst Scheunemann.

In Lübeck war der WEC 1959 als Verein eingetragen worden. Ein Umzug nach Norddeutschland lag nahe. So ließen sich David und Chrissie Batchelor in Eckernförde nieder. Als dringendes Gebetsanliegen bewegte sie aber bald ein größeres Haus in der Mitte von Deutschland, um Kandidaten und Missionare im Heimataufenthalt aufzunehmen. Im Oktober 1963 wurden sie auf ein ehemaliges Kinderheim im Taunus aufmerksam gemacht, das sie im November besichtigen konnten. »Unser erster Blick auf das Haus geschah unter den schlechtesten Bedingungen, nämlich bei Einbruch der Dunkelheit und am Ende einer ermüdenden Reise«, schreibt David. »Da das Haus seit neun Monaten unbewohnt war, sah es von außen gespenstisch und verlassen aus. Einige Kellerfenster waren offensichtlich aufgebrochen worden und viele Fensterscheiben waren kaputt. Im Gelände stand das Gras kniehoch und faulendes Obst lag überall ... Das Ganze sah bei Tageslicht schon anders aus. Zweifellos bot das Anwesen für unsere Zwecke viele Möglichkeiten.«

Das Missionshaus in Eppstein in den 1960er-Jahren

Die letzte Rate für das Haus wurde 1967 bezahlt. David notiert: »Im Laufe dieser Jahre hat Gott uns manche Lektionen gelehrt ... Während der Zeit, in der wir die vereinbarten Zahlungen zu leisten hatten, fuhren wir fort, neue Mitarbeiter anzunehmen und auf die Missionsfelder auszusenden. Gottes segnende Hand war über uns, indem er vermehrt Mittel für die ausreisenden Missionare und für die allgemeinen Bedürfnisse des Werkes gab. Aber dieses alles geschah nicht automatisch ... Wir können bezeugen, dass wir uns nie – trotz unserer Fehler und unseres Versagens – vergeblich an ihn gewandt haben.«

In einem Gebetsbrief (November 1966) fasst David im Rückblick zusammen: »Nach unseren bescheidenen Anfängen 1950 im Elsass sehen wir nun aus unserem hübsch möblierten Haus mit seinem schönen – oder vielleicht sollte ich besser sagen, im Werden befindlichen schönen – Garten auf die Garage mit zwei Missionsautos, die Küche mit ihren modernen Einrichtungen, die Haushaltsschränke mit Wäsche, Töpfen, Bestecken ... Wir können nur unseren Gott loben, der das alles möglich gemacht hat! ... Chrissie war vom hiesigen Arzt wegen ihres Herzens und Blutdrucks gewarnt worden und nimmt nun Tabletten ein, die ihr sehr geholfen haben. Wenn ich daran denke, dass es dieselbe Schwäche war, die sie und uns 1940 davon zurückgehalten hatte, aufs Missionsfeld zu gehen, und mir nun all das ins Gedächtnis rufe, wozu der Herr sie seit jenen Jahren befähigt hat, dann kann ich ihn nur preisen für seine Treue!«

Ilse-Marie Neuroth ging 1989 mit dem WEC für einen Kurzzeiteinsatz nach Japan. Seit 1990 arbeitet sie im deutschen Aussendungszentrum in Eppstein bei Frankfurt mit.

Durch die Arbeit von David Batchelor (1912–1995) und seiner Frau Chrissie (1911–2000) wurden die WEC-Aussendungszentren in der Schweiz, in Deutschland und in den Niederlanden gegründet; Batchelors waren auch an dem Beginn der Arbeit des WEC International in Frankreich beteiligt.

Der verlorene Sohn

Veronika Elbers mit Titus Dima, Indonesien

Es waren schwierige Zeiten für Titus, als er sich als erster Indonesier dem WEC anschließen wollte. WEC war als Aussendungszentrum in Indonesien noch unbekannt, deshalb bekam er kaum Unterstützung oder Ermutigung. Als er einigen älteren Missionaren mitteilte, dass Gott ihn in dem kleinen westafrikanischen Land Guinea-Bissau haben wolle, versuchten sie ihn zu überzeugen, besser in ein englischsprachiges Land zu gehen. Trotzdem fühlte Titus sich klar in das portugiesischsprachige Guinea-Bissau berufen.

Bei einem seiner seltenen Besuche zu Hause sprach er mit seiner Mutter über diese Frage. Sie reagierte ungehalten und war nicht bereit, ihn ins Ausland ziehen zu lassen. Sein Vater war bereits vor einigen Jahren gestorben; als Witwe war sie auf die Unterstützung ihrer Kinder angewiesen.

Nur wenige junge Leute aus ihrem Dorf hatten die Möglichkeit, auf der Insel Java zu studieren. Titus, ihr dritter Sohn, gehörte dazu. Die Witwe war stolz, dass er seine theologische Ausbildung mit einem Magister-Titel abgeschlossen hatte. Ihr zweiter Sohn hatte keine besonders gute Ausbildung und lebte immer noch zu Hause. Benjamin, ihr ältester Sohn, wurde seit Jahren vermisst. Und nun wollte Titus fort. Er, der doch die Hoffnung für die Zukunft der Mutter war! Schließlich meinte sie: »Wenn Gott mir meinen ›verlorenen Sohn‹ wieder zurückgibt, werde ich dir die Erlaubnis geben, dem Herrn in Afrika zu dienen!«

Auf dem Rückweg von seinem Dorf war Titus verwirrt. Was wollte Gott ihm damit sagen? Würde Gott seinen ältesten Bruder wirklich zurückbringen?

Benjamin war schon als kleiner Junge verschwunden, als die Familie noch auf Sabu lebte, einer ärmlichen, aber vom Christentum geprägten Insel. Er war mit seinen Freunden auf ein Schiff geklettert, das an der abgelegenen Insel kurz angelegt hatte. Als das Schiff auslief, waren die Jungen als unfreiwillige blinde Passagiere an Bord. Titus' Mutter und das ganze Dorf waren außer sich, als sie feststellten, dass die Jungen fort waren. Doch niemand wusste, wohin das Schiff gefahren war. Die Mutter konnte den Verlust ihres Erstgeborenen nicht akzeptieren. Aber als die Familie von Sabu nach Flores umzog, hatten sie die Hoffnung, Benjamin je wieder zu sehen, fast aufgegeben.

Titus rang mit Gott um eine Antwort. »Was soll ich tun? Soll ich nach Singapur gehen, um den WEC-Kandidatenkurs zu absolvieren? Oder soll ich in Indonesien bleiben und meiner Mutter helfen?« Nach längerem innerem Kampf entschied er sich, die Reise nach Singapur anzutreten und Gott die Fürsorge für seine Mutter zu überlassen.

Nach einiger Zeit nahm Titus mit Freude an dem Vorbereitungskurs für neue WEC-Missionare in Singapur teil. Er war der erste indonesische WEC-Mitarbeiter, der sich für Guinea-Bissau vorbereitete. An einem Gebetstag berichtete er den anderen von der Sorge um seine Familie und von seinem »verlorenen« Bruder. Ein koreanischer Kollege forderte Titus und alle anderen Teilnehmer des Kurses heraus, zu beten und Gott zu vertrauen, dass er den verschwundenen Bruder zur Familie zurückbringen werde. Titus hatte Gott noch nie um ein solch großes Wunder gebeten. Aber der Herr bewies, dass er ein Vater ist, der sich um seine Kinder kümmert und über alle menschlichen Erwartungen hinaus helfen kann.

Eines Tages besuchte eine fremde Frau aus Java die Mutter von Titus und stellte viele ungewöhnliche Fragen. »Sind Sie aus Sabu? Wie viele Söhne haben Sie? Wo sind diese?« Der zweitälteste Sohn, der bei diesem Besuch anwesend war, fragte die fremde Frau, weshalb sie alle diese Fragen stelle und was sie wirklich wolle. Da sagte sie der Mutter: »Ich heiße Ratna und bin Ihre Schwiegertochter. Ich bin mit Ihrem Sohn Benjamin verheiratet. Wir trafen uns in Sorong, West-Papua. Er erzählte mir, dass er als Kind von seiner Familie getrennt worden war, als er in Sabu auf ein Schiff kletterte, vor Müdigkeit einschlief und erst in Papua wieder erwachte.«

Benjamin und seine Freunde hatten in Sorong das Schiff verlassen müssen. Er lebte dort als Straßenkind und arbeitete schließlich für einen chinesischen Ladenbesitzer. »Wir begegneten einander, verliebten uns und heirateten bald darauf. Wir suchen euch schon lange, aber weil ihr von Sabu nach Flores umgezogen seid, war es schwierig, euch zu finden. Nun bin ich hier und bitte um euren Segen für unsere Ehe. Obwohl wir schon längere Zeit verheiratet sind, haben wir noch keine Kinder. Ich bin schon etwas älter, und ich habe den Eindruck, dass wir eure Zustimmung zu unserer Heirat brauchen, damit wir Kinder bekommen können.«

Welch große Überraschung für Titus' Mutter, die ganze Familie und vor allem auch für Titus selbst! Schließlich kam es auch zu einem Wiedersehen mit Benjamin. Gott hatte wunderbar auf die Gebete geantwortet – mehr als Titus zu hoffen gewagt hatte. Er hatte der Mutter den *verlorenen* Sohn zurückgebracht und ihr so geholfen, Titus' Berufung nach Afrika zu akzeptieren.

Veronika Elbers ist Deutsche und seit 1984 in Indonesien im Bereich der theologischen Ausbildung tätig.

Der Indonesier Titus Dima reiste 1994 nach Guinea-Bissau aus und arbeitet dort im Bereich von Gemeinde und Evangelisation sowie in der Missionsleitung.

Titus Dima

Die gestohlenen Bewerbungsunterlagen

Byung Kook Yoo, Südkorea

»Herr Yoo! Etwas Schlimmes ist passiert! Unsere Papiere sind weg!«

»Wie bitte? Was meinen Sie damit: Ihre Papiere sind weg?«

»Der Chefarzt hat die gesamten Unterlagen für unsere Bewerbung vernichtet! Was sollen wir jetzt nur tun?«

Ich hatte das Ehepaar Jihong und Sunmi einige Monate zuvor (2001) kennengelernt. Jihong war Professor der Medizin an einer der besten Universitäten Koreas. Die beiden hatten mir vom Ruf Gottes in die Mission erzählt, und noch während unseres Gesprächs fiel ihre Entscheidung, sich beim WEC zu bewerben. Normalerweise benötigen Kandidaten ein bis zwei Monate, um die Dokumente auszufüllen und sich allen notwendigen medizinischen und psychologischen Untersuchungen zu unterziehen. Da ich seit Monaten nichts von dem enthusiastischen Paar gehört hatte, rief ich Jihong an, um ihn an den Abgabetermin zu erinnern.

Was er mir erzählte, war unfassbar: Er hatte die fast fertig ausgefüllten Bewerbungsunterlagen in seinem Büro auf dem Schreibtisch liegen lassen. Als er von einer Besprechung zurückkehrte, waren die Unterlagen verschwunden. Etwas später erfuhr er, dass sich der Chefarzt Zutritt zu seinem Büro verschafft und die Dokumente mitgenommen hatte.

»Warum hat der Chefarzt das gemacht? Warum gibt er Ihnen die Unterlagen nicht zurück?«, fragte ich verwirrt.

Jihong erzählte Folgendes: Er und Sunmi hatten gleich nach unserem Treffen mit seinem Vater gesprochen und ihm mitgeteilt, dass sie sich entschieden hätten, mit dem WEC in die Mission zu gehen. Gott habe sie berufen und sie wollten ihm gehorchen. Zuerst nahm sein Vater das nicht ernst. Als er mit der Zeit jedoch merkte, dass sie bei ihrem Vorhaben blieben, bestellte er Jihong zu sich und machte ihm Vorhaltungen: »Was denkst du dir eigentlich? Es ist unsinnig, eine erfolgreiche Karriere als Medizinprofessor aufzugeben, um Missionar zu werden! Denk daran, wie liebevoll ich dich unterstützt habe! Du bist so erfolgreich! Es ist Unsinn! Nur über meine Leiche!«

Der Vater blieb hartnäckig, sein Widerstand war stärker als erwartet. Jihong wusste, dass sein Vater seine Meinung nicht ändern würde, und sagte: »Vater, ich muss gehen. Gott hat mich dazu berufen und ich werde Gottes Willen tun – koste es, was es wolle!«

Nach einer schlaflosen Nacht machte der Vater einen Besuch bei der Universität, um herauszufinden, ob Jihong vielleicht durch den Chefarzt von seinem Vorhaben abzubringen sei.[1] »Herr Professor, ich verstehe nicht, was mein Sohn tut. Er gibt seine Karriere auf, nur um Missionar zu werden! Ohne ihn kann ich nicht leben. Sind Sie mit seinem Entschluss einverstanden? Wenn nicht, hindern Sie ihn bitte daran!«

Als der Vater nach Hause gegangen war, ließ der Chefarzt Jihong zu sich kommen: »Stimmt es, dass Sie vorhaben, Ihre Stelle an der Universität zu kündigen, um Missionar zu werden? Das kann doch nicht Ihr Ernst sein!«

»Doch, ich meine es ernst. Ich werde demnächst meine Stelle aufgeben und im Ausland eine Ausbildung zum Missionar anfangen. Ich möchte Gott dort dienen, wo das Evangelium noch nicht bekannt ist.«

Da wurde der Chefarzt zornig. »Sie müssen verrückt sein! Wie können Sie überhaupt auf eine solche Idee kommen? Schauen Sie doch in Ihrer Bibel nach! Dort steht, dass man seine Eltern ehren soll. Wie ehren Sie denn Ihre Eltern, wenn Ihr Vater dagegen ist und Sie das nicht respektieren? Vergessen Sie den Gedanken,

---

[1] Wie in vielen anderen nicht-westlichen Kulturen hat in Korea der Respekt vor den Eltern und vor der älteren Generation einen hohen Stellenwert. Daher ist es nicht unüblich, dass Eltern auch auf ihre bereits erwachsenen Kinder Einfluss nehmen.

Missionar zu werden! Ich werde Ihre Kündigung nicht annehmen! Ich lasse Sie nicht gehen! Ihr Fachwissen ist wichtig für diese Ausbildungsstätte und auch für mich. Haben Sie noch nicht gemerkt, dass ich Sie als meinen Nachfolger ausgewählt habe? Welch eine Verschwendung! Der ganze Aufwand umsonst!«

Jihong ging. Doch der Chefarzt befürchtete, dass er seinen Entschluss nicht ändern würde. »Ich müsste irgendetwas tun, um ihn davon abzuhalten«, dachte er, ging in Jihongs Büro und nahm die Bewerbungsunterlagen mit. Dann setzte er sich draußen neben einem Teich auf eine Bank, nahm eine Seite der Bewerbungsunterlagen und verbrannte sie. »Ich muss ihn daran hindern. So etwas Unsinniges!« So verbrannte er eine Seite nach der anderen, bis nichts mehr übrig war.

Als Jihong am nächsten Tag bemerkte, dass die Bewerbungsunterlagen verschwunden waren, stürmte er ins Büro des Chefarztes und rief: »Herr Professor, geben Sie mir bitte meine Unterlagen zurück!«

»Welche Unterlagen? Ich weiß nicht, was Sie meinen.«

»Ich weiß, dass Sie meine Bewerbungsunterlagen weggenommen haben. Bitte geben Sie sie mir zurück. Ich muss sie heute bei der zuständigen Einwanderungsbehörde abgeben.«

»Ich weiß nichts über Ihre Bewerbungsunterlagen.«

»Herr Professor, warum machen Sie das mit mir? Sie können mich nicht abhalten, indem Sie meine Bewerbungsunterlagen verstecken. Egal, was passiert, Herr Professor, ich werde gehen.«

Die Auseinandersetzung verschärfte sich. Zermürbt von Jihongs hartnäckigem Fragen gab der Chefarzt endlich zu: »Ich habe die Unterlagen tatsächlich genommen, aber ich habe sie nicht mehr. Geben Sie auf! Ich habe alles verbrannt.«

Bestürzt und verwirrt rief mich Jihong daraufhin an. Ich war ebenso verwirrt wie er und wusste nicht, was ich sagen sollte. Einen solchen Widerstand hatte ich nicht erwartet. Jihong musste seine Berufung nochmals prüfen! Deshalb fragte ich ihn: »Sind Sie wirklich sicher, dass Gott Sie zu einem interkulturellen Dienst berufen hat?«

»Ja, ich bin ganz sicher. Gott hat uns für einen interkulturellen Dienst berufen.«

Seine Antwort war deutlich und klar.

»Gut, dann vergessen Sie die verlorenen Bewerbungsunterlagen. Wir machen alles noch einmal.«

Jihong und Sunmi füllten die Bewerbungsunterlagen für den WEC Korea erneut aus. Sie forderten die nötigen Dokumente für ihren Visumsantrag[2] ein zweites Mal an. Endlich waren die Unterlagen vollständig und der Visumsantrag bei der Einwanderungsbehörde eingereicht. Sobald die Visa ankamen, buchte Jihong den Flug.

Zwei oder drei Stunden nachdem Jihong mir den Flugplan mitgeteilt hatte, stürzte er mit blassem Gesicht in mein Büro. »Byung Kook, mein Vater hat die Kinder mitgenommen! Er ist mit meinen Kindern verschwunden! Bestimmt wird er erst zurückkommen, wenn ich meine Zukunftspläne aufgebe. Was soll ich bloß tun, Byung Kook?« Seine Stimme zitterte vor Aufregung.

Ich hatte schon oft erlebt, dass Kandidaten mit dem Widerstand ihrer Familien zu kämpfen hatten, aber dieser Fall übertraf alles, was mir je begegnet war. Ich wusste nicht, wie ich Jihong ermutigen sollte, denn ich verlor selbst langsam den Mut. Es kam mir vor, als seien wir mitten in einem geistlichen Kampf. Ich entschloss mich, die Frage nochmals zu stellen: »Jihong, seid ihr beide ganz sicher, dass Gott euch für die Missionsarbeit berufen hat? Wollt ihr wirklich nach all diesen Widerständen die Ausbildung im Ausland anfangen?«

Ehe ich die Frage beendet hatte, antwortete Jihong bereits mit Überzeugung: »Ja, wir sind sicher! Wir werden gehen! Wir müssen gehen! Wenn wir jetzt wegen dieser Widerstände aufgeben, werden wir es auch in Zukunft nicht mehr wagen, einen Schritt in Richtung Missionsdienst zu gehen.«

---

[2] Koreanische Missionskandidaten absolvieren ihre Vorbereitung auf den Missionsdienst im englischsprachigen Ausland.

Diese klare Antwort schien in dem geistlichen Kampf den Ausschlag zu geben. Ich antwortete: »Dann solltet ihr gehen. Nehmt den Flug und reist morgen wie geplant ab.«

»Und was ist mit meinen Kindern?«

»Keine Sorge. Ich werde die Kinder bestimmt finden und sie euch nachbringen.« Ich war selbst überrascht von meiner Antwort.

»Danke! Wir werden den Flug nehmen und haben dein Versprechen für unsere Kinder.« Er ging heim, um Vorkehrungen zu treffen.

Ich begann an meinem Versprechen zu zweifeln: »Was habe ich da nur getan? Wie komme ich dazu, so etwas zu versprechen? Wie soll ich die Kinder finden, wenn nicht einmal die Eltern das fertigbringen? Und wenn ich sie finde: Wie kann ich sie denn ihrem Großvater wegnehmen?«

Ich dachte über das Geschehene nach. Ich verstand nicht, warum die Eltern bereit waren, ihre Kinder zurückzulassen, um im Ausland ihre Vorbereitung zu beginnen. Ich verstand nicht, warum ich gesagt hatte, ich würde die Kinder finden und sie den Eltern zurückbringen. »Herr, was machen wir hier überhaupt?« Mir schauderte bei dem Gedanken: »Und wenn der Großvater die Beherrschung verliert und den Zorn an den Kindern auslässt?«

Da klingelte das Telefon. »Guten Tag, hier ist Byung Kook«, meldete ich mich.

»Guten Tag, Byung Kook. Hier ist der Vater von Jihong.«

»Oh. Guten Tag.«

»Byung Kook, Sie müssen mir helfen! Bitte halten Sie meinen Sohn zurück! Er ist mein ganzes Leben! Mein Leben ist nichts ohne ihn! Ich kann ohne ihn nicht weiterleben! Ich lasse ihn nicht gehen! Ich kann ihn nicht sterben lassen!«

Ich hörte an seiner Stimme, dass er weinte. Mir stiegen die Tränen in die Augen. Jihongs Vater erinnerte mich daran, wie mein eigener Vater getrauert hatte, als ich nach Afrika ging.

»Byung Kook, sind Sie noch da?«

Ich versuchte zu argumentieren: »Es tut mir leid. Aber überlegen Sie: Ihr Sohn ist kein Kind mehr. Er hat sich entschieden, sein Leben den Armen zu widmen. Er wird nicht viel Geld verdienen, aber sein Einsatz wird Menschen zugutekommen, die sonst nicht einmal im Traum an eine gute medizinische Behandlung denken dürften. Stellen Sie sich vor, wie viele kranke und arme Menschen Ihrem Sohn für seine Hilfe dankbar sein werden. Er wird auf alle Fälle als Arzt arbeiten. Er wird nicht nur Gott Ehre machen, sondern auch Ihrer Familie. Bitte lassen Sie die beiden gehen und Gott mit ihren Fähigkeiten dienen.«

Bo In Yoo und Byung Kook

»Was für Ehre? Ich will keine Ehre. Ich will meinen Sohn! Bitte halten Sie ihn zurück!«

»Ich kann ihn von seinem Vorhaben nicht abhalten. Er und seine Frau werden auch ohne die Kinder fliegen. Sie sind fest dazu entschlossen.«

»Ich verstehe sie nicht. Wo ist ihr Respekt den Eltern gegenüber? Wie können sie mir das antun?«

Diese letzten Worte sagte er mit monotoner und teilnahmsloser Stimme. Ich verstand den herzzerreißenden Kummer und den Schmerz, den Eltern empfinden, die keine Christen sind, wenn sie sehen, wie ihre Kinder alle Sicherheit und Ehre der Welt aufgeben, um in ein fernes Land zu reisen. Ich konnte nur beten: »Herr, bitte gib ihnen deinen himmlischen Trost.«

Etwa um Mitternacht kehrte der Vater von Jihong mit seinen Enkeln nach Hause zurück. Er hatte schließlich die Entscheidung seines Sohnes und seiner Schwiegertochter akzeptiert und war sich dessen bewusst geworden, dass sie nichts zurückhalten konnte. Jihong und Sunmi blieben noch eine Woche bei den Eltern, dann reisten sie zur Missionsvorbereitung ab.

»Wer Vater oder Mutter mehr liebt als mich, ist es nicht wert, zu mir zu gehören« (Matthäus 10,37).

Byung Kook und seine Frau Bo In Yoo sind die ersten Koreaner, die sich dem WEC International anschlossen (1986). Nach einer zehnjährigen Tätigkeit in Gambia (Westafrika) widmeten sie sich in Korea elf Jahre lang dem Aufbau eines WEC-Aussendungszentrums. Heute sind sie im WEC auf internationaler Ebene tätig, um andere für die Mission zu mobilisieren. Sie haben drei erwachsene Töchter.

Unerwartete Begegnungen in der Einsamkeit

Ingeborg, Naher Osten

Wir haben einen freien Nachmittag. Endlich kommen wir einmal aus der Stadt heraus und können die Geschäftigkeit unserer Arbeit im Krankenhaus hinter uns lassen. Ich liebe die rauen Berge, die Wüste und die Stille der Natur – außer meiner Freundin ist niemand dabei. Nach etwa einer halben Stunde Fahrt sehen wir in der Ferne ein Zelt. Dass in dieser Höhe Beduinen leben, wussten wir bisher nicht. Sie haben uns bereits entdeckt und winken uns zu ihrem Zelt. Für mich ist es immer wieder erstaunlich, wie entgegenkommend und gastfreundlich diese Menschen sind. Überraschenderweise kennen sie meine Begleiterin vom Krankenhaus her; sie hat bei der Geburt eines ihrer Kinder geholfen. Wir werden zu einer Tasse Tee im Schatten eines großen Felsens eingeladen. Die ganze Familie – inklusive einiger Ziegen – versammelt sich um uns. In der Nähe ihres Zeltplatzes bemerken wir ein Radio.

»Hören Sie die *Stimme der Vergebung* [eine christliche Radiosendung in der Landessprache]?«, fragt meine Freundin.

»Ja«, geben sie zur Antwort, »da wird gesagt, dass Isa [Jesus] der Sohn Gottes ist.« Wir überreichen ihnen ein Neues Testament in ihrer Sprache, das sie erfreut annehmen: »Wir haben genug Ruhe, um das Buch hier zu lesen!« Als wir uns verabschieden, fragen wir uns, ob wir sie jemals wiedersehen. Aber wir sind sicher, dass sie das Buch lesen werden.

An einem anderen Tag sind wir zu den östlichen Bergen unterwegs. Wir fahren auf Felsstraßen und folgen einer Art Weg hinauf in die Bergwildnis. Ob wir hier oben irgendjemanden antreffen? Wir haben schon fast die Grenze zum Nachbarland erreicht, als wir eine steinerne Hütte sehen. Eine alte Großmutter grüßt uns. Sie kümmert sich um ihre Enkelkinder, während der

Rest der Familie mit den Jungtieren in den Bergen unterwegs ist. Während wir mit ihr eine Tasse Tee trinken, kommen wir auf *Isa Al-Masih*, auf Jesus, zu sprechen. Sie hört die Geschichten, die wir erzählen, aufmerksam an. Als sie diese Geschichten später ihren Enkelkindern weitererzählen will, gerät sie ins Stocken. »Wie war nochmals sein Name?«, fragt sie. Es ist das erste Mal, dass sie von Jesus gehört hat. Welch ein Vorrecht, denen etwas über Jesus weiterzusagen, die noch nie von ihm gehört haben!

Ein anderes Mal sind wir im Nordosten des Landes unterwegs und wollen bei Freunden übernachten. Wir haben uns bei ihnen nicht ankündigen können und übernachten zunächst an einem anderen Ort. Nach zwei Reisetagen sind wir dann allerdings etwas unsicher, ob wir sie überhaupt antreffen werden. Als wir bei ihnen ankommen, erleben wir eine große Überraschung: Sie haben uns erwartet. Eine der Töchter hat geträumt, es käme Besuch. So haben sie alle Hausarbeit am Morgen erledigt und sind nachmittags bereit, uns gastlich zu empfangen. Wie immer kommt die ganze Familie zusammen, wir trinken Tee und sprechen über alles Mögliche. Der Familienvater hat von jemandem eine Bibel erhalten und stellt uns viele Fragen. Viel Zeit bleibt uns nicht, denn auf einmal kommt der Lehrer der Dorfmoschee dazu, und so enden unsere Gespräche über Jesus ganz plötzlich.

Am nächsten Morgen machen wir uns auf den Weg in die Hauptstadt. Die folgende Nacht verbringen wir bei einer anderen Familie, die wir von der Geburtsabteilung des Krankenhauses her kennen. Als wir uns verabschieden, besteht der Vater darauf, uns in unserem Auto zur Hauptstraße zu fahren. Während er am Steuer sitzt, quetschen wir uns zu zweit auf den Beifahrersitz. Gerade liegt das letzte Dorf hinter uns und wir fahren durch eine verlassene Gegend, als wir drei Männer unter einem Baum sitzen sehen: Anhalter, wie wir annehmen. »Tut uns leid, dass wir keinen Platz im Auto haben«, entschuldigen wir uns. Aber sie wollen gar nicht mitfahren – sie wollen unser Auto! Es kommt zu einem heftigen Wortwechsel zwischen unserem Fahrer und den drei Männern. Alle sind bewaffnet. Wir können nur beten und versuchen, unseren Fahrer davon zu überzeugen, dass wir lieber auf das Auto verzichten, als sein Leben aufs Spiel zu setzen.

Straßensperre

Schließlich steigen wir aus. Wir dürfen unser Gepäck an uns nehmen (dazu gehört auch ein Karton mit Bibeln), und dann bleiben wir mitten in der Einsamkeit uns selbst überlassen.

Einige Zeit später hören wir in der Ferne ein Auto: ein Taxi auf dem Weg in die Stadt, von der wir gerade gekommen sind. Wenn wir mitfahren, können wir uns in der Stadt ein Taxi nach Hause nehmen. So setzen wir uns zu zwei Soldaten ins Taxi, die ihre kranke Mutter zum Krankenhaus begleiten. Auf dem Weg hat die Frau so starke Schmerzen, dass meine Freundin den Fahrer bittet, anzuhalten, damit sie ihr eine schmerzlindernde Spritze geben kann. Danach geht es der Frau viel besser.

Inzwischen sind wir auf der Hauptstraße angelangt. Auf einmal sehen wir an einer Tankstelle ein wohlbekanntes Auto – unseres! Wir machen die beiden Soldaten darauf aufmerksam, und sie lassen den Taxifahrer umkehren und auf unser Auto zufahren. Als die Diebe merken, was sich abspielt, versuchen sie, davonzufahren, aber unser Fahrzeug überholt sie und zwingt sie zum Anhalten. Die Soldaten und die Männer steigen aus und richten ihre Gewehre aufeinander. Meine Freundin und ich beten, dass keiner wegen eines Autos ums Leben kommt. Schließlich sind die Diebe bereit, uns unseren Wagen zurückzugeben. Wir wechseln die Fahrzeuge, und der Taxifahrer nimmt die Diebe zur nächsten Polizeistation mit. Als wir heimkommen, sind wir noch etwas zittrig, aber dankbar für die Bewahrung, die wir erlebt haben.

Die Verfasserin hat im Nahen Osten gearbeitet.

Ein schüchterner Junge tanzt aus der Reihe

Lily Gaynor, Guinea-Bissau

Es war im Jahr 1961. Spätabends bekam ich von einem jungen Mann Besuch. »Ich möchte Gottes Weg gehen«, sagte er. »Warum?«, fragte ich. »Ich möchte, dass meine Sünden vergeben werden, und ich möchte in den Himmel kommen, wenn ich sterbe«, erwiderte er.

Paulo war 16 Jahre alt. Er wirkte so schüchtern und unauffällig, dass ich mich fragte, ob er der Verfolgung, die mit Sicherheit auf ihn zukommen würde, gewachsen sei. Wir erzählten ihm, was mit vier anderen geschehen war, die auch begonnen hatten, »Gottes Weg« zu gehen, es aber nicht durchhalten konnten. Paulo war jedoch fest entschlossen und argumentierte: Selbst wenn er ums Leben käme, habe er nichts zu verlieren, sondern nur alles zu gewinnen. Wir knieten gemeinsam nieder und er betete zum ersten Mal. Er bat Gott um Vergebung und lud ihn in sein Herz ein.

Zwei Tage später kam Paulo völlig verängstigt wieder zu uns. Er hatte seinen Angehörigen gesagt, dass sie für ihn keine Opfer mehr darbringen sollten und dass er in Zukunft nicht mehr an diesen Zeremonien teilnehmen wolle. Die Reaktion war schlimmer, als wir befürchtet hatten: Die Ältesten seines Dorfes versammelten sich, redeten ihm ins Gewissen und bedrohten ihn. Im Stamm der Papel war es undenkbar, dass ein junger Mann nicht auf den Rat der Ältesten hörte. Als Paulo bei seinem Entschluss blieb, kamen seine Verwandten von nah und fern und hielten eine Totenklage für ihn. Sein älterer Bruder war morgens zu ihm aufs Feld gegangen und hatte gesagt: »Wenn du ›Gottes Weg‹ nicht bis heute Abend verlassen hast, wirst du von mir so lange verprügelt, bis du dich davon lossagst oder stirbst!« Auch Paulos Onkel drohte, ihn zu töten und sich danach selbst umzubringen. Paulo flüchtete vor der heulenden, aufgebrachten Menge und rannte zu uns.

Was konnten wir tun? Auf der Missionsstation konnten wir ihn nicht unterbringen. So beteten wir für ihn, versuchten ihn zu ermutigen und begleiteten ihn dann mit Domingos, einem einheimischen Prediger, zurück zu seiner Familie in das Dorf Biombo. Wir wussten nicht, was uns dort erwarten würde. Als wir das Dorf betraten, schien es, als habe Gott ein Schweigen auf die Menschen gelegt. Sie versammelten sich, um zu hören, was Domingos zu sagen hatte. Mit Vollmacht predigte er etwa eine Stunde lang, während sie regungslos dastanden und selbst die Moskitos, die sie plagten, kaum beachteten. Nachdem Domingos geendet hatte, bekannte sich Paulo ruhig und bestimmt zu seinem neu gefundenen Glauben und berichtete von der Freude, die Gott ihm sogar mitten in der Verfolgung gegeben hatte. Außerdem sagte er, Gott habe ihn aufgefordert, seine Eltern zu achten und zu ehren. Er wolle bei ihnen bleiben und für sie arbeiten, bis auch sie Jesus Christus als ihren Herrn und Retter anerkennen würden. Ein Sieg war errungen worden!

Nun waren aller Augen auf Paulo gerichtet, ob sich die Stammesgeister an ihm rächen würden. Doch nichts passierte. Paulo war der erste bekehrte Christ in Biombo, der sich mit solcher Klarheit zu Jesus bekannt hatte. Wir spürten, dass er, wenn er standhaft blieb, eine Schlüsselperson für den Stamm der Papel sein würde. Paulo hat einen Sonderplatz in der Kirchengeschichte des Papel-Stammes.

Ein oder zwei Wochen nach seiner Bekehrung kam er zu unserem Haus und zog ein selbst gemachtes Spielzeugauto an einer Schnur hinter sich her. Mir wurde schwer ums Herz. »Er ist ja noch ein Kind«, dachte ich, »er wird diesen Druck niemals aushalten.« Ich irrte mich. Er war den Belastungen gewachsen. Später brachte ich ihm das Lesen bei, und er half mir, das Neue Testament zu übersetzen. Er half uns auch in unserer kleinen Klinik. Sein strahlendes Zeugnis und einige Heilungswunder, die Gott schenkte, legten den Grundstein für die christliche Gemeinde im Stamm der Papel.

Später wurde Paulo bei den Kämpfen um die Unabhängigkeit Guinea-Bissaus in die portugiesische Armee einberufen. Es gab damals keine Möglichkeit der Wehrdienstverweigerung, aber Paulo vertraute Gott, dass er niemals einen Menschen töten müsse. Gott erhörte dieses Gebet. Paulo lernte Auto fahren und wurde damit beauftragt, die Jeeps zu steuern. Er musste keinen einzigen Schuss abgeben.

Danach ließ Paulo sich in der Hauptstadt nieder und gewann mit anderen zusammen viele Menschen aus dem Papel-Stamm für Christus. Heute (Oktober 2010) predigt er immer noch und ist ein aktives Mitglied des Kirchenrats. Im Lauf der Jahre ist die Gemeinde in Biombo gewachsen und hat mehrere Tochtergemeinden gegründet. Derzeit gibt es mehr als zweitausend Papel-Christen in Guinea-Bissau und etliche in Portugal.

Lily Gaynor stammt aus Großbritannien und arbeitete 37 Jahre als Krankenschwester in der WEC-Klinik in Biombo, Guinea-Bissau. Sie war an der Übersetzung des Neuen Testaments in die Sprache der Papel beteiligt.

Lily Gaynor

SMS um Mitternacht

Eliki Drodrolagi, Tschad

Das Handy vibrierte auf dem Tisch neben meinem Bett. Ich schaute auf die Uhr. Es war nach Mitternacht. Schläfrig fragte ich mich: »Wer schreibt mir zu dieser unmöglichen Zeit eine SMS?«

Schwankend stand ich auf, nahm das Handy in die Hand und las zu meinem Erstaunen: »Eliki, ich möchte Christ werden. Hilfst du mir?«

Ich komme von Fidschi, einer grünen Insel umgeben von Wasser, und die Ankunft im ausgetrockneten, wüstenähnlichen Tschad in Afrika war für mich ein Schock. Zwölf Jahre lang arbeiteten meine Familie und ich bei der Gründung von neuen Gemeinden in den Städten Abéché und Adré im Nordosten des Tschad mit. Wir lernten die Sprache und die Kultur kennen und arbeiteten daran, Beziehungen mit den Einheimischen aufzubauen – zu Menschen, die dem Evangelium normalerweise ablehnend gegenüberstehen. Wir erlebten mit Freude, wie Muslime die Bibel lesen und kennenlernen wollten. Aber noch erfreulicher war es, mitzuerleben, wie diese Männer Jesus akzeptierten und sich regelmäßig trafen, um den lebendigen Gott anzubeten.

Im Februar 2009 zogen wir in die Hauptstadt N'Djamena, um dort das Team zu unterstützen und bei der Gemeindegründung mitzuhelfen. Wir wussten schon im Voraus, dass die Gründung von Gemeinden in N'Djamena eine Herausforderung sein würde, da die Stadt riesengroß und der Lebensstil der Menschen dort ganz anders ist, als es uns vom ländlichen Leben bekannt und vertraut war. N'Djamena ist mit zwei bis drei Millionen Einwohnern viel größer als Abéché oder Adré. Diese Weltstadt pflegt einen modernen Lebensstil, das Lebenstempo ist schneller und die Menschen wohnen weit auseinander. Sich regelmäßig zu treffen, war schwierig, da viele Menschen zwei oder drei Taxis nehmen mussten, um ihr Ziel zu erreichen.

Ich erinnere mich, wie ich damals betete: »Gott, du liebst die Menschen und ich würde mich sehr freuen, wenn dein Name im täglichen Leben der Menschen hier in N'Djamena gepriesen und angebetet würde. Bitte zeige mir, was ich tun kann, um hier deine Kirche zu gründen.« Ohne Zweifel und mit Frieden im Herzen erledigte ich weiterhin meine täglichen Aufgaben, voller Erwartung auf Gottes Handeln. Drei Monate vergingen, bis in der erwähnten Nacht kurz nach zwölf mein Handy vibrierte.

Nachdem ich die Nachricht »Eliki, ich möchte Christ werden. Hilfst du mir?« gelesen hatte, war ich hellwach. »Gerne helfe ich dir. Du kannst morgen kommen«, schrieb ich zurück.

Er wiederum antwortete schnell auf meine Nachricht: »Morgen geht es nicht. Ich komme am Mittwoch nach N'Djamena.«

»Gut, ich sehe dich am Mittwochnachmittag.«

»Inschallah« (so Gott will), schrieb er zurück.

Gespannt wartete ich auf den Mittwochnachmittag, um den Verfasser der mitternächtlichen SMS zu treffen. Als am Mittwoch die Sonne unterging und der Ruf zum Abendgebet vom Minarett durch die Stadt hallte, hörte ich ein Klopfen an unserem Eingangstor. Ein junger Mann stand davor. Wir kannten ihn. Er war einer der einst treuen Englischstudenten meiner Frau. Vor einigen Jahren war er für weitere Studien nach Abéché gekommen und hatte in dieser Zeit öfter mit mir zusammen in der Bibel gelesen. Als er vor einem Jahr nach N'Djamena zurückkehrte, um eine Arbeitsstelle zu suchen, war er in den illegalen Import von Motorrädern aus Kamerun verwickelt worden. Damit verdiente er genügend Geld zum Überleben.

Ich lud ihn ein, sich mit mir auf die Veranda zu setzen. Dann fragte ich ihn: »Warum möchtest du Christ werden?«

»Ich bin nach Mongo gefahren, um ein Motorrad zu verkaufen«, sagte er. »In der Nacht hatte ich einen Traum. Ein Mann erschien vor mir, als ich am Fluss saß. Er gab mir ein Buch und forderte mich auf, einen Abschnitt zu lesen, in dem geschrieben stand: ›Hört auf, euch Sorgen zu machen um euer Essen und Trinken oder um eure Kleidung. Wenn ihr für ihn lebt und das Reich Gottes zu eurem wichtigsten Anliegen macht, wird er euch jeden Tag geben, was ihr braucht.‹ – ›Diesen Abschnitt habe ich schon einmal mit Eliki gelesen‹, sagte ich dem Mann. ›Dann steh auf und folge mir!‹, erwiderte er. Ich folgte ihm und wir durchquerten den Fluss. Ich fühlte mich wohl. Auf der anderen Seite des Flusses war ein großes, helles Haus. Es war alles so real. Aber zu meiner Enttäuschung erwachte ich in meinem trockenen, dunklen Lehmziegelhaus. Ich wusste, dass der Mann in meinem Traum Jesus Christus war. Jetzt möchte ich ihm gerne folgen. Die SMS-Nachricht habe ich dir gesendet, ohne zu merken, dass es schon Mitternacht war.«

Ich hatte das Vorrecht, ihm das Evangelium zu erklären und zu hören, wie er sein Leben Jesus übergab und wie er gelobte, unserem Herrn und Retter zu folgen. Sein Glaube wurde mit der Zeit stärker, man sah eine deutliche Veränderung in seinem Verhalten und Lebensstil und er hatte ein starkes Bedürfnis, in der Bibel zu lesen.

Gott schickte uns zwei weitere Männer, die ebenfalls Jesus nachfolgen wollten. Bis zum Ende des Jahres waren es sechs Männer, die sich regelmäßig trafen, um gemeinsam die Bibel zu studieren und zu beten. Im Februar 2010 wurden drei von ihnen in N'Djamena im Fluss Chari getauft.

Gott ist souverän. Im Lauf der Jahre habe ich gelernt, nicht Dinge *für* Gott zu tun, sondern *mit* ihm. Daher muss ich nicht frustriert versuchen, Dinge aus eigener Kraft umzusetzen, sondern kann betend geduldig auf Gottes Leiten und seine Führung warten.

Eliki und Lavenia Drodrolagi verließen ihre Heimat in Fidschi, um in Australien eine Ausbildung zu machen und danach im Tschad Gott zu dienen. Nach zwanzig Jahren in Zentralafrika kehrten sie nach Fidschi zurück, wo sie nun andere für die Missionsarbeit mobilisieren.

Blind, aber glücklich

Betty Singleton, Ghana

Der Augenarzt schaut uns und unseren Freund Dakori ernst an. »Es tut mir leid, aber ich kann nichts für diesen jungen Mann tun.« Dakoris Sehkraft war von einer langjährigen tropischen Augenkrankheit schwer geschädigt. »Das ist schon in Ordnung«, antwortete Dakori. »Selbst wenn ich blind werde, will ich trotzdem Gott vertrauen.«

Pastor Philip Dakori

Dakori gehörte zum Vagala-Stamm. Seine Augenkrankheit begann in seiner Kindheit und ebenso sein Glaube an Gott. Als er sieben Jahre alt war, hatte er eines Tages plötzlich Augenschmerzen. »Eine Schlange muss dir in die Augen gespuckt haben«, meinte seine Mutter und ging mit ihm zum Medizinmann. Nachdem der Medizinmann ein Opfer mit Hühnerblut gebracht hatte, versicherte er ihnen, dass es mit den Augen des

Kindes nun wieder besser werde. Doch Dakoris Sehkraft ließ immer mehr nach. Deshalb wurde er jeden Tag in den Busch geschickt, um die Kühe seiner Mutter zu hüten.

Ein Ausländer kam ins Dorf und sang in der Vagala-Sprache Lieder über den lebendigen Gott und das ewige Leben durch das Blut seines Sohnes Jesus Christus. Dakori liebte die Lieder, aber es ärgerte ihn, wenn er zu hören bekam, dass alle gesündigt hätten und der Fetisch nicht von Sünden befreien könne.

Im Dorf wurde eine Schule eröffnet und Dakori wollte sie besuchen, aber die Dorfleute ließen es nicht zu. Sie verwünschten ihn und sagten: »Du bist ein Junge ohne Augen. Geh und hüte deine Kühe!« Dakori wartete, bis der Abendunterricht bei Lampenlicht begann, und ging dann hin. Schnell lernte er etwas Englisch, denn er sah noch genug, um ein wenig lesen und schreiben zu können. Tagsüber jätete und hackte Dakori die Felder seines Bruders und wanderte mit den Kühen in den Busch. Die Augen taten ihm weh und er hatte Kopfschmerzen, besonders wenn die Sonne hoch am Himmel stand.

Jedes Mal wenn Dakori daran dachte, was der Missionar gesagt hatte, ärgerte er sich. Seine Eltern waren ihr Leben lang auf dem »Weg des Fetischs« gegangen. Warum sollten sie davon abweichen und einen neuen Weg gehen?

Dakori liebte die Dorftrommeln und das Singen und Tanzen. Er lernte die Rhythmen für die nächtlichen Tänze zu trommeln. Oft endete das Tanzen in unmoralischen Praktiken. Das Herz des Jungen war voller Angst: Angst vor der Dunkelheit, Angst vor Schlangen, Angst vor Geistern und Angst vor dem Fetisch.

Er wusste, dass er oft log. Aber jeder log. Er wusste, dass er Jamswurzeln gestohlen hatte. Aber alle Jungen stahlen ihren Müttern Jamswurzeln, um sie im Busch zu braten, wenn sie hungrig waren. Er wusste, dass vieles in seinem Leben nicht gut war.

Einmal hatte Dakori Kopfschmerzen und Fieber. Er wälzte sich auf seiner Grasmatte hin und her und meinte, dass er sterben würde. Da kam es ihm vor, als höre er eine Stimme: »Du weißt, dass das, was du vom Buch des lebendigen Gottes gehört hast, wahr ist. Der Fetisch kann dich nicht erretten, aber Jesus Christus will dich erretten. Sein Blut wird dein Herz reinwaschen und dich von der Macht der Sünde freisetzen.« Dakori hatte vorher noch nie gebetet, aber in der Dunkelheit der Nacht rief er aus: »O Gott, wenn es dich wirklich gibt, dann vergib mir meine Sünde und komm und wohne in meinem Herzen.« Ein neuer Friede kam in sein Herz. Die Trommeln begannen ihre Anziehungskraft zu verlieren, und Dakori verbrachte Zeit mit dem Missionar, wenn er zu Besuch ins Dorf kam. Er war sich sicher, dass Gott ihn verändert und seinem Leben eine neue Richtung gegeben hatte.

Es kamen weitere ausländische Missionare in die Gegend, und mit strahlendem Gesicht suchte Dakori sie auf. In der Klinik brauchte man einen Übersetzer, damit Mütter und Kinder medizinische Hilfe bekommen konnten. Dakori wurde gefragt, ob er bereit sei, zu übersetzen und den Menschen von dem zu erzählen, was der lebendige Gott an ihm getan habe. Freudig sagte er zu. Einige lachten über seine Botschaft, aber andere fragten: »Wie kannst du ohne Augenlicht so glücklich sein?« »Jesus ist in meinem Herzen. Durch ihn habe ich ewiges Leben«, war Dakoris frohe Antwort. Durch sein Zeugnis nahmen seine Mutter und seine blinden Schwestern Jesus Christus als Herrn an. Dakori war sehr glücklich darüber.

Wir als seine Freunde beteten, dass Dakoris Sehkraft wiederhergestellt werde. Vielleicht konnte das durch eine Operation oder eine Brille geschehen. Doch die Untersuchungen ergaben, dass der Augenarzt nichts für ihn tun konnte. Das Gottvertrauen des jungen Mannes war jedoch ungebrochen.

Wie konnte er sich als Blinder mit der Bibel beschäftigen und in der Erkenntnis Gottes wachsen? Dakori sparte Geld und kaufte sich ein Transistorradio. Nun konnte er überall Radio ELWA, einen christlichen Radiosender in Liberia, einstellen und das Wort Gottes hören. Er bekam ein altes Akkordeon geschenkt und lernte, darauf zu spielen. Während seine eigene Dunkelheit zunahm, machte es ihm Freude, zu singen und zu spielen und anderen christliche Lieder in ihrer eigenen Sprache beizubringen.

Dakori spielt Akkordeon

Dennoch wollte Dakori die Bibel selbst lesen können. Inzwischen war er zwanzig Jahre alt. Auf wunderbare Weise wurde es ihm durch einige ghanaische Frauen in Accra ermöglicht, eine Schule für Blinde zu besuchen und die Braille-Schrift zu erlernen. Sechs Monate später kehrte er mit einem großen Buch aus der Schulbibliothek nach Hause zurück. Es war das Johannesevangelium. So saß er da und las mit Begeisterung.

»Komm und spiele Trommel, Dakori. Komm tanzen und singen«, wurde er aufgefordert. »Nein, ich will nicht kommen. Ich habe mein Leben Jesus Christus gegeben. Er beruft mich, zu predigen und sein Wort zu lehren. Das ewige Leben bedeutet mir mehr als die Vergnügungen dieser Welt. Ich will ein Evangelist sein für Jesus, der mich so liebt und sein Leben für mich hingegeben hat.«

Später wurde Dakori Pastor in der *Evangelical Church of Ghana*, der Evangelikalen Kirche Ghanas, die durch die Arbeit von WEC-Missionaren entstanden war. Seit über vierzig Jahren ist er inzwischen als Pastor tätig, zusätzlich ist er Bibelschullehrer, Superintendent und Mitarbeiter im Vagala-Übersetzungsteam. Er ist verheiratet und hat acht Kinder und drei Enkelkinder. Bis heute ist er ein hoch angesehener und geachteter christlicher Leiter.

Die Australierin Betty Singleton und ihr englischer Ehemann Norman waren viele Jahre lang als Missionare in Ghana tätig. Ihren Ruhestand verbringen Betty und Norman Singleton in England, wo Betty sich weiterhin im Gebet für Ghana und andere Länder einsetzt.

Betty und Norman Singleton

Gott allein

Detmar Scheunemann, Indonesien

Die Christen waren fassungslos, als ihr Pastor sein Hemd aufknöpfte und ein roter Schutzgürtel sichtbar wurde, den er um den Leib trug. In ihrer Stadt in Westtimor (Indonesien) hatten sich die Leiter gegenseitig bekämpft, und mitten in diesen Auseinandersetzungen hatte der Pastor auf Bewahrung von zwei Seiten gebaut: von Gott und von dem Schutzgürtel. Jetzt riss er sich vor den Gemeindemitgliedern diesen Gürtel ab, da er Freiheit darin gefunden hatte, Gott allein zu vertrauen.

Timoresisches Ahnenhaus

Vor der kommunistischen Revolution in Indonesien (1965) hatte die *Reformierte Kirche Timor* ein Team unseres Bibelinstituts zu einer Evangelisation eingeladen. Ich war der Leiter dieses Teams, und jeden Abend erlebten wir, dass nach der Veranstaltung

Menschen zurückblieben, um Seelsorge zu erbitten. Viele von ihnen hatten sich in Krisensituationen ihres Lebens mit okkulten Mächten eingelassen. Nun legten sie diese Praktiken und Bindungen ab und erlebten Gottes ganze Befreiung. Sogar die örtlichen Pfarrer empfanden die Notwendigkeit, sich auch von kleinsten Abhängigkeiten loszusagen, die nicht Gott, sondern anderen Mächten entsprangen. Dies führte überall auf der Insel zur Entstehung von evangelistischen Teams und Gebetsgruppen, und selbst das entfernteste Dorf im Landesinneren oder auf den Bergen wurde vom Evangelium erreicht. Bis heute brennt dieses Feuer in Tausenden von timoresischen Christen. Heute (2009) gibt es sechzig Evangelisationsgruppen, die im ganzen Land tätig sind.

Nur Gott konnte diesen Segen und ein so ausgedehntes Wirken des Heiligen Geistes schenken, das nun schon seit vielen Jahren in Indonesien zu beobachten ist und sich in regionalen Bibelschulen und Gebetskreisen zeigt.

Mitte der 60er-Jahre besuchte mich mein Vater. Ich begleitete ihn zu einem Sonntagsgottesdienst in die Kirche, in der die Erweckung begonnen hatte. Man entschied, dass ich predigen solle, doch bevor ich mich erheben konnte, erlebte ich eine derart schwere Malariaattacke, dass ich den Gottesdienst verlassen musste. Am nächsten Morgen ging es mir immer noch schlecht. Zwei timoresische Frauen besuchten mich, um für mich zu beten, aber die eine sagte: »Wir können noch nicht für dich beten. Du bist krank, weil du stolz bist!« Indem die Frau dies aussprach, wurde mir bewusst, dass der Stolz mit dem Wunsch zusammenhing, meinen Vater an den Ort zu bringen, wo damals in der Kirche durch meine Predigt die Erweckung begonnen hatte. Sofort tat ich Buße. Die beiden Dorffrauen knieten neben meinem Bett nieder und beteten ein einfaches Gebet des Glaubens, in dem sie meinen kranken Körper dem Herrn anbefahlen. Danach gingen sie weg und lobten Gott. Mein Fieber sank, ich stand auf und wusch mein Gesicht. Die Nachbarn bemerkten das; sofort verbreitete sich die Neuigkeit, dass ich wieder gesund war. Als das bekannt wurde, versammelten sich die Menschen, und ich predigte, da ich das ja am Sonntagmorgen nicht hatte tun können.

Detmar Scheunemann (Deutschland) und Heini German-Edey (Schweiz) gründeten 1959 auf Bitten christlicher indonesischer Studenten hin das Bibelinstitut Batu (Ostjava). Heute sind 1300 Absolventen des Bibelinstituts in Indonesien, Asien und Afrika tätig. Detmar Scheunemann und seine Frau Gisela lebten und arbeiteten bis 1989 in Indonesien.

Detmar Scheunemann

Wenn Unmögliches möglich wird

Evan Davies, Australien

Bei unserer Missionsbibelschule in Tasmanien (Australien) ging die Anfrage eines Querschnittsgelähmten ein, ob er an unserem College eine theologische Ausbildung machen könne. Wir wussten nicht recht, wie wir mit dieser ungewöhnlichen Anfrage umgehen sollten. Bisher hatten wir noch nie einen Studenten gehabt, der auf einen Rollstuhl angewiesen war. Um mit allen Anforderungen des Studienprogramms zurechtzukommen, musste man fit und beweglich sein. So schrieben wir kurz zurück, dass unsere Schule nicht behindertengerecht eingerichtet und darum für ihn nicht geeignet sei. Wenige Wochen später kam ein Antwortbrief mit der Bitte, wir möchten unsere Entscheidung nochmals überdenken.

In diesem Brief schilderte der Bewerber, Bishwanath Chowdhuri, seine Lebensgeschichte: Er stammte aus einer Brahmanen-Familie und war Enkel des früheren Maharadschas von Mymensingh in Bangladesch, kam aus privilegiertem Umfeld und hatte eine hervorragende Universitätsausbildung. Dann bekam er eine Stelle in der gerade entstehenden indischen Nuklearindustrie. Doch bei einem Experiment kam es zu einem Zwischenfall. Er fand sich als Querschnittsgelähmter in einem Krankenhausbett wieder, wo er viel Zeit hatte, um über seine ungewisse Zukunft nachzudenken. Er hatte die beste medizinische Betreuung und hilfsbereites, aufmerksames Personal. Ein Betreuer bot ihm sogar ein kleines Neues Testament von den Gideons[3] an mit dem Hinweis, dies sei das heilige Buch der Christen. Die Geschichten, die er las, sprachen ihn so sehr an, dass er schließlich Christ wurde. Eine christliche Krankenschwester wurde ihm zugeteilt, und sie verliebten sich ineinander. Durch eine Therapie in Perth

[3] Die Gideons (Internationaler Gideonbund) verteilen weltweit Bibeln und Bibelteile.

(Australien) hatte er die Möglichkeit, seinen Gesundheitszustand weiter zu verbessern. Er lernte dort Christen kennen und sein Glaube vertiefte sich. Gleichzeitig hörte er von unserem College in Tasmanien und hatte den Eindruck, er solle sich bei uns bewerben.

Wieder antworteten wir, dass wir ihn nicht annehmen könnten, und meinten, damit sei die Angelegenheit erledigt. Einige Wochen später bekamen wir jedoch einen weiteren Brief von ihm, in dem er darlegte, dass er immer noch davon überzeugt sei, Gott wolle ihn an unserem College haben. Er bat uns, unsere Entscheidung nochmals zu überdenken. Erneut waren wir als Mitarbeiterschaft des Colleges gefragt. Was wollte Gott uns sagen?

Wir informierten uns über eventuell erforderliche Veränderungen an unseren Gebäuden. Ohne viel Aufwand war es möglich, alle Eingänge mit kleinen Rampen zu versehen und dadurch rollstuhltauglich zu machen. Außerdem wussten wir von der Liebe zwischen unserem Bewerber und der christlichen Krankenschwester. Wenn die beiden heirateten, konnten sie gemeinsam am Ausbildungsprogramm teilnehmen und er hätte zugleich eine Betreuerin, die ihn und seinen Werdegang kannte.

Uns Mitarbeitern wurde bewusst, dass Gott diese Sache auf wunderbare Weise steuerte, deshalb schickten wir den beiden die Bewerbungsunterlagen zu.

Bishu (so wurde er genannt) und seine Frau Vijaya kamen zu uns und nahmen von Anfang an bereitwillig am gesamten Collegeprogramm teil. Sie wohnten auf dem Schulgelände, hatten neben den akademischen Kursen praktische Verpflichtungen und waren Teil unserer aktiven Gemeinschaft. In allen Bereichen bewiesen sie Bescheidenheit und menschliche Reife. Sie liebten Gott und wollten ihm dienen und seinen Willen tun. Aber wie sollte es nach der Ausbildung für sie weitergehen?

Unser Gedanke war, dass sie in ihre Heimat zurückkehren könnten, um sich dort aktiv im Gemeindeleben einzusetzen. Sie waren jedoch überzeugt, dass Gott eine ganz bestimmte Aufgabe für sie vorbereitet hatte. Eine Erkundungsreise nach Bangladesch bestätigte ihren Eindruck, dass Gott sie dort gebrauchen wollte. Gerne wären sie Mitarbeiter des WEC geworden, aber zu diesem Zeitpunkt beabsichtigte der WEC nicht, in Bangladesch tätig zu werden. Auf ihren Wunsch hin wurde ihnen aber gestattet, am Vorbereitungskurs für neue Mitarbeiter teilzunehmen, weil sie sich von den Inhalten großen Gewinn versprachen.

Mit vielen Anregungen und voller Tatendrang begaben sie sich nach Bangladesch. Für Bishu war es schwierig, im Land umherzureisen. Daher wurde er von christlichen Freunden ermutigt, in der Hauptstadt Dhaka die erste Jüngerschaftsschule, in der man auch gemeinsam leben konnte, aufzubauen. Das *Christian Discipleship Center* fing klein an. Von anfänglich nur vier Studierenden wuchs die Arbeit auf bis zu 40 Absolventen im Jahr. Im Dezember 2009 schrieb Bishu, dass insgesamt 689 Studenten an dem Ausbildungsprogramm teilgenommen hätten. Es wurden sowohl Männer als auch Frauen, Alleinstehende und Verheiratete aufgenommen, und jeder hatte die gleichen Studienmöglichkeiten. Kurse wurden entwickelt, in denen die Studenten lernten, den Bedürfnissen der ländlichen Bevölkerung gerecht zu werden. Mit Gottes Hilfe wurden geeignete und stabile Gebäude errichtet. Durch zusätzliche Mitarbeiter konnte die große Aufgabe auf mehrere Schultern verteilt werden. Insgesamt leistete das Zentrum einen bemerkenswerten Dienst in der Heranbildung von Führungskräften für die christliche Kirche in Bangladesch. Gemeindeleiter wurden ausgebildet, eine Medienarbeit kam zustande, Schulen wurden gegründet und einsatzbereite Mitarbeiter kümmerten sich um die christlichen Gemeinden und die ländliche Bevölkerung. Durch zwölf Alphabetisierungsprogramme für Erwachsene kamen viele Menschen zum Glauben und neue Gemeinden entstanden. Viele ehemalige Studenten dienen Gott noch heute in den verschiedenen Regionen von Bangladesch und sogar über die Landesgrenzen hinaus – eine Auswirkung von Bishus Gehorsam und seiner Entschlossenheit, Gottes Ruf zu folgen. Ein Ehepaar, das in einem politisch unsicheren Gebiet arbeitet, berichtete 2011, dass sich trotz drohender Verfolgung über hundert Menschen hatten taufen lassen.

Hindernisse konnten Bishu und Vijaya nicht von ihrem Weg abhalten, die großen Herausforderungen entmutigten sie nicht. Zielstrebigkeit, Glaube und Durchhaltevermögen zeichneten diese Diener Gottes und Nachfolger Christi aus. In der Abhängigkeit von Gott und im Bewusstsein seiner Berufung gingen sie voran und erlebten, wie Unmögliches möglich wurde. Nach Bishus Tod Anfang 2010 führte Vijaya die Arbeit weiter. – »Ich versichere euch: Wenn euer Glaube auch nur so groß wäre wie ein Senfkorn, könntet ihr zu diesem Berg sagen: ›Rücke dich von hier nach da‹, und er würde sich bewegen. Nichts wäre euch unmöglich« (Matthäus 17,20).

Evan Davies, Sohn von WEC-Missionaren, wurde im Kongo geboren. Gemeinsam mit seiner Frau Jenny leitete er viele Jahre lang die WEC-Missionsbibelschule (Missionary Training College) in Tasmanien, Australien. Von 1998 bis 2006 waren Evan und Jenny Davies internationale Leiter des WEC.

Evan und Jenny Davies

Dunkle Nächte in Ntchumbe

Martin Till, Guinea-Bissau

Ich wache mitten in der Nacht auf. Ein rascher Blick auf meinen Wecker zeigt mir, was ich schon befürchtet habe: 2.00 Uhr. Genau die Zeit, als »es« passierte. Wieder kommen, ob ich will oder nicht, die Erinnerungen an jene schlimme Nachtstunde und dieses nicht fassbare, nicht greifbare dunkle Gefühl des Ausgeliefertseins: »Und was ist, wenn sie heute wiederkommen?« – Wie oft schon haben wir als Ehepaar gebetet, wie oft die Glaubenslieder gesungen, wie oft uns vergegenwärtigt, dass wir als Christen und Missionare unter Gottes besonderem Schutz stehen? Aber der Weg vom Verstand zum Gefühl, vom Kopf ins Herz scheint so unendlich weit. Nun ist meine Seele eben doch wieder wie ein kleines, verängstigtes Kind, und ich erwische mich dabei, wie ich in der Stille der Nacht jedes Geräusch auf seine Gefährlichkeit hin prüfe. »Hat da nicht eben etwas geraschelt, waren da nicht Schritte? Sind wir genügend geschützt, und was sollen wir tun, wenn …? Nein, nicht schon wieder, ich will den Gedanken nicht nachgeben. Herr, ich will glauben, will vertrauen! Herr, hilf mir! Ach Herr, warum ist das nur so schwer?«

In den Tagen und Wochen nach dem bewaffneten Raubüberfall auf unsere Bibelschule und Missionsstation in Ntchumbe im Frühjahr 2001 durchliefen wir als Ehepaar alle Stadien der Gefühlsskala – vom trotzigen »Jetzt-erst-recht-Hierbleiben« bis zum Beschluss, die Koffer zu packen und nach Hause zu fliegen. Wir versuchten, die Risiken zu kalkulieren, ob so etwas wieder vorkommen könnte, und wir überlegten natürlich auch, welche Sicherheitsmaßnahmen wir ergreifen könnten. Wir brachten Riegel an den Türen an und waren dankbar für Pedro, einen erfahrenen Wächter, der uns seine Dienste anbot, sowie für zwei junge Wachhunde, die uns geschenkt wurden. Aber was uns letztlich geholfen hat, durchzuhalten und innerlich wieder Boden unter die Füße zu bekommen, waren weder Vernunfterwägungen noch

Pedros Gewehr vor unserem Schlafzimmerfenster. Das wurde uns eines Abends schlagartig klar. Wir waren besonders entmutigt, als die Bibelschüler spontan in unsere Wohnung herüberkamen, uns ermutigten und für uns um Bewahrung beteten. Der älteste unter ihnen, der selbst Familienvater ist, brachte es auf den Punkt, als er zu mir sagte: »Martin, ich habe große Gewissheit, dass euch hier nichts zustoßen wird. In Deutschland habt ihr mehr Sicherheit, aber Gott hat euch hierhergeführt, damit ihr seine Wirklichkeit handfest erfahren könnt.«

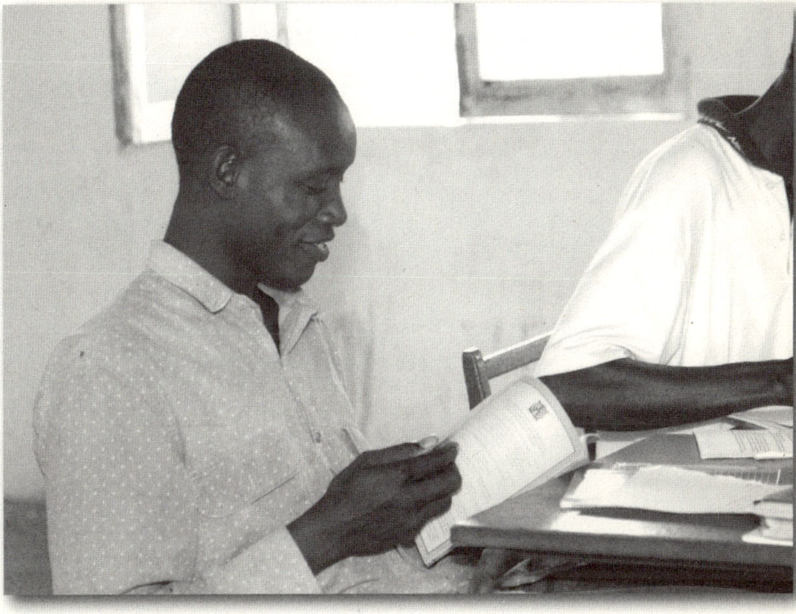

Bibelschüler in Guinea-Bissau

Der Vers »Ja, Gott ist meine Rettung; ihm will ich vertrauen und niemals verzagen« (Jesaja 12,2; EÜ) bedeutet mir sehr viel. Er gilt überall auf der Welt, wo Gottes Leute sich fürchten und keinen Ausweg mehr sehen. Gott möchte uns Schutz und Bewahrung in allen Notlagen geben und, was noch wichtiger ist: Herrlichkeit und ewiges Leben nach dem Sterben. Vertrauen ist das plötzliche

Hereinbrechen der überwältigenden Gegenwart Gottes in das Dunkel unserer Angst. Die Liebe des Vaters lässt uns weinen wie der heimkehrende Sohn, der sich nach all seinen Ängsten draußen wieder bei seinem Vater geborgen und sicher weiß. Das haben wir in den dunklen Nächten in Ntchumbe erfahren.

Die Bibelschule in Ntchumbe

Angst gibt es nicht nur in den Krisengebieten der Welt. Ob unser Leben durch Waffen von Banditen bedroht ist oder durch Depression, Schlaganfall oder Krebsbefund, ist für die Seele letztlich kein großer Unterschied. Jesaja 12,2 gilt uns allen gleichermaßen.

Martin Till und seine Frau Ingeborg sind Mitarbeiter der Missionsbibelschule »Cornerstone« in Beugen (Niederlande) und waren bis 2002 in Guinea-Bissau tätig. Im Frühjahr 2001 erlebten sie dort einen nächtlichen Überfall auf die Bibelschule in Ntchumbe.

Wenn aus nichts etwas wird

Keith Bergmeier, Indien

Der erste Vers der Bibel gibt uns einen erstaunlichen Einblick in das Wirken Gottes. Aus dem *Nichts* hat Gott das Universum geschaffen (1. Mose 1,1). Gott ändert sich nicht. Im Verlauf der Geschichte hat er immer wieder etwas aus dem Nichts heraus geschaffen. Über Abraham heißt es in der Bibel: »Und so stammt ein ganzes Volk von diesem einen Mann, Abraham, der schon zu alt war, um noch Kinder zu zeugen. Und dieses Volk ist so groß wie die Zahl der Sterne am Himmel und wie die Sandkörner am Meer, die man unmöglich zählen kann« (Hebräer 11,12). Paulus schreibt: »Das Geringe vor der Welt und das Verachtete hat Gott erwählt, das, was *nichts* ist, damit er zunichte mache, was etwas ist« (1. Korinther 1,28; LUT).

Warum wählt Gott einen übergewichtigen, schüchternen Buchhalter wie mich, der noch nie im Leben einem Heroinabhängigen begegnet ist, für *Betel* – einen Dienst unter Drogenabhängigen – aus?

Den größten Teil meines Lebens habe ich Hitze nicht vertragen. Meine Schwester erinnert mich manchmal daran, dass ich als Kind oft im Sommer nach dem Tennisspielen mit Kopfschmerzen und Nasenbluten nach Hause kam. Später entwickelten sich daraus unerträgliche Migräneanfälle. Wer würde so jemanden mit 52 Jahren nach Delhi in Indien schicken, einen der heißesten Orte der Welt?

In meinen bisher elf Jahren hier habe ich kein einziges Mal Migräne gehabt. Doch ich durfte Augenzeuge sein, wie Gott vieles »aus dem Nichts heraus« geschaffen hat.

Einer der ersten Heroinabhängigen, die zu *Betel Indien* kamen, war Ayo Lolly, eine niedergedrückte Gestalt in einer Jeansjacke, mit traurigem Gesicht, langem Haar und mehreren Metallteilen im Ohr. Als er im Januar 2000 unser Haus betrat, schaute er sich um und prüfte seine neue Umgebung misstrauisch.

Für einen kurzen Moment begegneten sich unsere Blicke, doch sein Mund blieb geschlossen und er sah mich an, als wolle er sagen: »Glaub nur nicht, dass du mich veränderst!«

Junge Männer aus Betel Indien

In dieser Anfangszeit von *Betel* in Indien waren wir Mitarbeiter noch dabei, uns zurechtzufinden. Mehrere Drogenabhängige hatten zwar mit unserem achtzehnmonatigen Rehabilitationsprogramm begonnen; die meisten waren aber innerhalb weniger Tage, manchmal bereits nach Stunden, wieder verschwunden. Ich schaute Ayo an und sah keinen Anlass, bei ihm etwas anderes zu erwarten. »Zwei oder drei Tage … sicher nicht länger«, dachte ich und wandte mich wieder meinen anderen Aufgaben zu.

Ayo war ein »Nichts« geworden. Viele Jahre Drogenmissbrauch und die damit verbundene Kriminalität hatten ihn in seinem geliebten Bergdorf in Nordostindien zu einer unerwünschten Person gemacht. Die Dorfbewohner hatten ihn weggejagt, eine Zeit lang hatte er in der nahe gelegenen Landeshauptstadt gewohnt. Schließlich hatte ihn seine unstillbare Drogensucht ins 2500 Kilometer entfernte Delhi geführt. Hier ging es immer mehr bergab mit ihm. Später erzählte er: »Ich hatte alle Hoffnung verloren; ich war schmutzig; ich bettelte auf den Straßen von Delhi; niemand kümmerte sich um mich. Ich wollte sterben. Ich war nichts.« Ein paar Monate verbrachte er in einem Rehabilitationszentrum in Delhi, aber ohne Erfolg. Er ging zurück auf die Straße und nahm wieder Drogen.

Doch Ayo verließ Betel *nicht* nach zwei oder drei Tagen. Er erlebte eine wunderbare Befreiung von seiner Abhängigkeit und war im Januar 2008 immer noch bei uns. Eines Tages bekam er einen geheimnisvollen Brief. Er bekam sonst nie Briefe – Anrufe, SMS-Nachrichten ja, aber keine Briefe! Erstaunt öffnete er den Umschlag. Der Brief kam vom Vorsitzenden des Dorfvereins in seinem Heimatort und war eine Einladung zu einem Festessen. Alle Einwohner würden teilnehmen, auch Ayo war eingeladen. In diesen acht Jahren hatte Ayos Leben sich so stark verändert, dass er vom Abschaum des Dorfes nun zum Ehrengast geworden war!

Ayo wurde zu der Feierlichkeit chauffiert, öffentlich begrüßt, den Gästen vorgestellt und dann gebeten, eine Rede zu halten. Während er vor den Zuhörern stand, merkte er, dass viele ihn ungläubig anstarrten und manche sogar Tränen in den Augen hatten. Viele hatten ihn seit seiner Schulzeit nicht mehr gesehen. Während er sich später mit alten Freunden und Kollegen unterhielt, betrachtete ihn einer der Anwesenden unverwandt und fragte dann: »Bist du es? Bist du es wirklich?«

Gott hatte Ayo und sein Leben nicht nur völlig verändert, sondern er setzte ihn auch ein, um Wunder an anderen zu vollbringen, die ein »Nichts« in dieser Welt sind.

Keith Bergmeier (Neuseeland) gründete nach jahrelanger Tätigkeit in Spanien in mehreren asiatischen Ländern eine »Betel«-Arbeit. Er lebt mit seiner mexikanischen Frau Lolita in Indien.

Ayo war als Teamleiter an der Gründung der »Betel«-Drogenarbeit in drei Bundesstaaten im Nordosten Indiens beteiligt. Danach war er bis zu seinem Tod 2011 Gründer und Leiter von »Betel« Nepal.

Hoffnung und Zukunft

Ilse-Marie Neuroth (Deutschland) mit Gisela Schneider (Gambia)

Nur wenige Gambier kennen Dr. Gisela Schneiders wirklichen Namen. Den meisten ist sie als *Jainaba Cham* bekannt. Dieser Name wurde ihr von Frauen des kleinen Ortes Chamen gegeben, in dem sie zwei Jahre lang lebte – eine hohe Ehre, denn so hieß die Dorfälteste. Im Auftrag des Gesundheitsministeriums baute Gisela Schneider damals im Osten von Gambia, im schwer zugänglichen Nianija-Distrikt, ein Basis-Gesundheitsprogramm auf. Sie lebte als einzige Christin in einer fast ausschließlich muslimischen Gemeinschaft, wohnte im Haus des Dorflehrers, schöpfte Wasser aus demselben Brunnen wie die Dorfbewohner und aß das gleiche Essen wie sie. In der abgelegenen Gegend waren Grundkenntnisse über Themen wie sauberes Wasser, Ernährung, Schwangerschaftsbetreuung, Geburtshilfe, Umgang mit ansteckenden Krankheiten und anderes nicht vorhanden. Eine Voraussetzung, um den Gesundheitsstandard in dieser abgelegenen Gegend zu heben, war daher die Schulung von Krankenschwestern und Dorfgesundheitshelfern.

In den frühen Neunzigerjahren kamen die ersten Aids-Patienten nach Sibanor in die Klinik des WEC, die Gisela Schneider von 1990 bis 1997 leitete. Diese Krankheit hatte nicht nur eine medizinische Dimension; es ging auch um Stigmatisierung und Diskriminierung, um Angst und Tod. Aids war kein individuelles Problem, sondern schloss ganze Familien, Dörfer und Sippen ein. Opfer von Ächtung und Isolation waren besonders Frauen. Dieser Situation wollte die deutsche Ärztin eine christliche, ganzheitliche Antwort entgegensetzen: nicht Verurteilung, sondern Liebe und Heilung für Leib, Seele und Geist. In Zusammenarbeit mit anderen entstand das HIV-Programm *Hands on Care*, das sich chronisch Kranken und HIV-Patienten widmete. In der Anfangszeit waren noch keine Medikamente erhältlich, aber seither hat sich viel verändert. Aufgrund der antiretroviralen

Therapie können Aids-Patienten inzwischen mit ihrer Krankheit leben. Heute erhalten Hunderte von Patienten Versorgung durch *Hands on Care* und haben dadurch Hoffnung und Zukunft.

Klinik in Sibanor, Gambia

Eine der Patientinnen ist Gisela Schneider in besonderer Erinnerung. Bei ihr wurde Tuberkulose festgestellt. Niemand besuchte sie, sie konnte nichts essen; auch die Krankenschwestern meinten, dass es mit ihr wohl bald zu Ende gehen werde. Aber Gott hatte etwas anderes vor. Nach dem Beginn der Behandlung wandelte sich das Bild. Die Patientin begann wieder zu essen, langsam ging es ihr besser. Zuletzt konnte sie zu ihrer Familie zurückgebracht werden. Doch die Situation dort entwickelte sich nicht gut, und immer wieder rief sie Dr. Schneider an, um ihr zu sagen, dass ihre Familie sie nicht mehr haben wolle. Schließlich bewegte ihr Vater sie, ins Nachbargehöft umzuziehen.

Eines Tages, ganz unerwartet, sagte die Patientin zu ihr: »Ich bin jetzt Christ.« Gisela Schneider war erstaunt, denn obwohl manche für sie während der schweren Krankheitszeit gebetet hatten und sie einige Kassetten gehört hatte, wusste die Patientin kaum etwas über das Christsein. Aber für diese Frau war die Entscheidung eindeutig: Sie wollte Christ sein – denn es waren die Christen, die ihr halfen, als keiner mehr kam.

Nun begann ein langer Prozess. Gemeinsam mit afrikanischen Pastoren begleiteten Gisela Schneider und andere die Patientin auf einem schwierigen Weg über Höhen und Tiefen, ständige Wohnungssuche, eine arrangierte Heirat und eine komplizierte Schwangerschaft. Schließlich bat sie darum, nun doch getauft zu werden.

Die Krankheit wurde nicht zum Stillstand gebracht, und die Patientin starb einige Zeit danach. Am Tag ihrer Beerdigung erklärte ihr ältester Sohn: »Unsere Mutter war Christ, und wir sind auch Christen!« Die fünf Kinder wurden vom Pastor und seiner Frau aufgenommen. Gisela Schneider hält die Verbindung zu »ihren« Kindern aufrecht. Sie wachsen zu Menschen heran, die Gott lieben und Hoffnung und Zukunft haben.

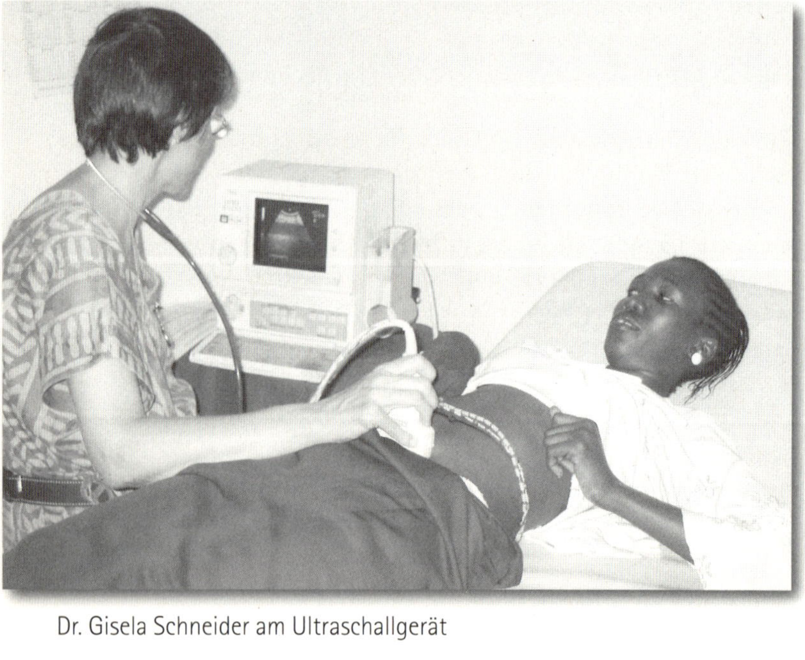

Dr. Gisela Schneider am Ultraschallgerät

Ilse-Marie Neuroth arbeitet seit 1990 in der Redaktion der Zeitschrift »Weltweit« und in der Administration des deutschen WEC-Aussendungszentrums in Eppstein.

Dr. Gisela Schneider (Deutschland), ab 1984 Mitarbeiterin des WEC, war bis 1997 in der WEC-Klinik in Sibanor, Gambia tätig. 1999 bis 2004 entwickelte sie das Aids-Projekt »Hands on Care« in Gambia und bildete danach medizinisches Personal in Uganda aus. Seit 2007 ist sie Leiterin des Deutschen Instituts für ärztliche Mission (DIfäM) in Tübingen.

Vertrauen lohnt sich

Byung Kook Yoo, Südkorea

Im April 2004 bereiteten wir in Seoul eine Konferenz für Leiter des WEC International vor. Ich war etwas nervös, denn es war die erste internationale Konferenz, die das koreanische Aussendungszentrum organisierte, und es wurden fünfzig Teilnehmer erwartet.

Es war zwar üblich, dass die Teilnehmer auf eigene Kosten anreisten. Aber für Essen und Unterkunft wollten wir nichts verlangen, sondern ihnen »echte koreanische Gastfreundschaft« erweisen und sie von Herzen willkommen heißen. Wir schätzten die zu erwartenden Kosten auf über 50 Millionen Won, etwa 50 000 Dollar (ca. 39 000 Euro). Allerdings hatten wir auf unserem Konto weniger als 1 000 000 Won (um die 800 Euro). Gemäß der Glaubenspraxis des WEC[4] waren wir entschlossen, auch diesmal ganz bewusst unsere finanziellen Bedürfnisse Gott anzuvertrauen und nicht um Spenden zu bitten.

Wir wollten vorerst nicht Ausschau nach unterstützungswilligen Personen und Gemeinden halten, sondern mit Fasten und Beten beginnen. Irgendwie musste sich unsere Situation jedoch herumgesprochen haben, denn eines Tages rief uns ein Mann an, der den Pastor einer großen Gemeinde in Seoul kannte. Dieser Pastor hatte die internationale Zentrale des WEC besucht und war davon positiv beeindruckt. Der Anrufer erzählte, er habe dem Pastor gegenüber erwähnt, dass wir für die Finanzierung der Konferenz fasteten und beteten. Der Pastor habe erwidert, es sei nicht schwer, einer so ehrenwerten Organisation zu helfen, der eine wichtige Konferenz bevorstand. Es wurde uns empfohlen, einen offiziellen Brief an die Gemeinde zu schreiben; sie würde

---

[4] Der WEC International gehört zu den sogenannten »Glaubensmissionen«, die sich auch auf dem Gebiet der Finanzen als bewusst von Gott abhängig sehen und daher auf Spendenwerbung verzichten.

uns sofort eine Spende zur Deckung der gesamten Kosten zukommen lassen.

Da wir die Realität unseres immensen finanziellen Bedarfs vor Augen hatten, schickten wir rasch einen offiziellen Brief an die Gemeinde, ohne weiter darüber nachzudenken. War etwas an dem Angebot nicht in Ordnung? Schließlich konnte uns die Gemeinde sofort helfen! Es war noch keine Woche vergangen, als wir eine Benachrichtigung der Missionsabteilung der Gemeinde bekamen. Wir wurden eingeladen, unser Anliegen im Detail vorzutragen. Ich machte mich zu der Gemeinde auf und traf mich mit den Mitarbeitern. Sie wussten bereits über unsere Konferenz Bescheid und teilten mir mit, dass sie nur noch eine offizielle Aufstellung aller Ausgaben brauchten; die Unterstützung würde bald darauf folgen.

Alles ging so schnell und einfach; ich fühlte mich von einer schweren Last befreit. Nun mussten wir nicht mehr mit unserer schwierigen Verpflichtung des Fastens und Betens fortfahren! Ich wollte vor allen im Büro prahlen, dass unser größtes finanzielles Problem gerade gelöst worden sei.

Plötzlich musste ich jedoch an meine vielen Kollegen denken, die in die ganze Welt ausgesandt waren. Dann kam mir auf einmal das Bild des Herrn Jesus in den Sinn, der besorgt dreinschaute. Ich konnte nicht verstehen, weshalb ich mich beunruhigt fühlte, wenn ich doch eigentlich fröhlich sein sollte. Schließlich wurde mir bewusst, dass es mit dem »Glaubensprinzip« zu tun hatte. Hatte ich nicht immer betont, wie wichtig es sei, das Glaubensprinzip – einer der vier Grundwerte des WEC – aufrechtzuerhalten und nicht um Geld zu bitten? Wenn ich Mitarbeiter sah, die damit kämpften, dass ihre geringe finanzielle Unterstützung ihre Ausreise verzögerte, betonte ich genau das. Ich brachte ihnen bei, keinen Menschen um finanzielle Unterstützung zu bitten. Immer von Neuem wiederholte ich es, bis sie es nicht mehr hören konnten: dass der Herr allein uns berufen hat und er uns aussendet.

Nun war ich, ein Leiter in einer Glaubensmission, in Versuchung, das Glaubensprinzip angesichts dieser dringenden Notlage aufzugeben. Wie sollte ich anderen Mitarbeitern sagen, dass sie sich nie um Finanzen sorgen, sondern alle ihre Bitten zu dem Herrn bringen sollten, der alle Bedürfnisse erfüllen würde, wenn ich das Geld dieser Gemeinde annehmen würde? Ich schämte mich über mich selbst. Waren 50 000 Dollar wirklich so viel? Traute ich das dem Herrn, dem Versorger in allen Bereichen, nicht zu?

Byung Kook Yoo

Ich schrieb eine höfliche E-Mail an den Missionsverantwortlichen der Gemeinde und bat ihn, unsere Anfrage zu vergessen. Das Geld anzunehmen, erklärte ich ihm, verstoße gegen unser Prinzip, dem Herrn allein für all unsere Versorgung zu vertrauen. Bald darauf antwortete er, dass er so etwas noch nie erlebt habe. Er könne nicht verstehen, warum eine Organisation finanzielle Unterstützung von einer spendenwilligen Gemeinde ohne einen besonderen Grund zurückweise. Er war verwundert, fand jedoch die Tatsache erfrischend, dass es eine Organisation mit einem solchen Prinzip gab.

Die Unterstützung durch diese Gemeinde kam also nicht zustande, aber unser Herr ist immer treu. Ganz unerwartet wurde uns die Benutzung eines Tagungsortes für die Konferenz angeboten, wodurch wir einen erheblichen finanziellen Betrag einsparen konnten. Die fünfzig Leiter kamen, hatten eine erfolgreiche Tagung in einem guten Umfeld und erlebten in Korea einen warmherzigen Empfang und ausgezeichnete Gastfreundschaft.

Wir wissen zwar nicht, wo all das Geld herkam (es gab keine große Einzelspende), aber am Ende der Konferenz hatte unsere Finanzabteilung sogar einen Gewinn zu verzeichnen! Der Herr ist – wie immer – mitten unter uns. Er vollbringt Wunder wie die Speisung von Tausenden mit fünf Broten und zwei Fischen und beweist dadurch, dass er für immer bei uns ist. Aufgrund seiner gewaltigen Ressourcen und seiner großen Verheißungen können wir ihm zutrauen, dass er uns in jeder Lage versorgt, ohne dass wir Menschen um Hilfe bitten müssen.

Byung Kook und seine Frau Bo In Yoo sind seit 1986 Mitarbeiter des WEC und arbeiten heute auf internationaler Ebene als Missionsmobilisatoren.

»Gnade ist's und weiter nichts«

Maria Röbbelen, Gambia

1957 reiste ich mit einem Frachtschiff ins unbekannte Liberia aus. Damals wusste man nicht, was einen erwartete, denn es gab noch nicht die heutigen Möglichkeiten, sich zu informieren. Höchstens durch Lektüre oder wenn man sich mit jemandem unterhalten konnte, der schon einmal dort gewesen war, konnte man sich Kenntnisse verschaffen. Als große Hilfe empfand ich, dass wir zu zweit waren: Hanna Förster und ich. Die Ausreise war für uns ein ungeheures Ereignis! Den Mut für unser Unterfangen nahmen wir aus der Gewissheit, dass Jesus uns gerufen hatte, dass er mit uns ging und bei uns war. In Hamburg nahmen wir von Verwandten und Freunden für vier Jahre Abschied. Die Tage auf See waren eine gute Überbrückung zwischen dem Abschied und der hektischen Arbeit, die uns erwartete, sowie zwischen gemäßigtem und tropischem Klima.

Am Anfang unserer Zeit in Liberia gab es noch kein Telefon. Briefe nach Liberia waren Monate unterwegs, Weihnachtspäckchen kamen zu Ostern an. Nach River Cess reiste man mit einem Lastwagen auf Lehmstraßen. Dieser Ort lag im tiefsten Urwald und bestand nur aus einigen Hütten. Das Wasser wurde vom Fluss geholt und musste abgekocht werden. Wir aßen so wie die Einheimischen auch: jeden Tag Reis, morgens Reisbrei. Fleisch gab es nur, wenn ein Jäger erfolgreich war.

Ich hatte als Krankenschwester im medizinischen Dienst keine Möglichkeit, einen Arzt zu rufen. Elfriede Lutz, meine Vorgängerin, war mir eine große Hilfe beim Einleben. Aber schon nach vier Wochen ging sie »auf Treck« und ließ mich allein ohne jegliche Sprachkenntnisse zurück. Auch für Entbindungen war ich zuständig, vor den Augen der alten Dorfhebammen, ohne jegliche Erfahrung und Hilfe – außer dem Gebet.

An ein Ereignis im Jahr 1963 erinnere ich mich besonders: Wir befanden uns mitten in der Regenzeit. Man war immer wieder erstaunt, was für Mengen von Wasser herabkamen. Manchmal wachten wir nachts von dem heftigen Prasseln auf. So war es auch in einer Nacht, als ich dann plötzlich ein Klopfen an der Tür hörte. Man rief mich zu einer Frau mit einer starken Blutung. Es war kein weiter Weg, bald erreichten wir das Haus. Die Frau musste zur Station gebracht werden, das war mir bald klar. In der Hütte konnte ich ihr nicht die nötige Hilfe geben. Noch waren es zwei Stunden bis zum Tagesanbruch. Eine Hängematte war nicht vorhanden, und auch Träger müsste man erst im nächsten Ort anheuern, wurde mir erklärt. Ich kehrte zur Station zurück, und am frühen Morgen machte ich mich wieder auf den Weg. Noch immer goss es in Strömen. Als ich zum Fluss kam, war das Wasser bis zur Brücke angestiegen. »Wird die Brücke noch da sein, wenn ich zurückkomme?«, war meine bange Frage. Es galt nun, keine Zeit mehr zu verlieren. Männer waren genug da und auch eine Hängematte, doch kein Stamm, um die Hängematte zu befestigen und zu tragen. Der Zustand der Frau hatte sich noch weiter verschlechtert. Schließlich waren wir auf dem Weg zur Station. Einer der Männer watete voran durchs Wasser, das jetzt zu einem See angewachsen war. Die Brücke war nicht mehr zu sehen, das Wasser ging weit über die Knie. Nur langsam konnten die vier Träger mit der Hängematte folgen. Die Brücke lag noch an ihrem Platz. Voll Dankbarkeit blieb ich auf ihr stehen, bis die Träger sie erreicht hatten. Kurze Zeit später wurde sie von den Fluten aufgehoben und fortgetragen! Erst gegen Mittag konnte ich die nasse Kleidung wechseln, denn nun galt es, alles zu versuchen, was in unserer Macht lag, um das Leben der Frau zu retten. Gott schenkte Gnade, und so durfte die Frau gesund werden.

Eigentlich war Gambia und nicht Liberia Gottes Ruf für mich. Hanna Förster und ich dachten, die Zeit in Liberia sei nur kurz, um Erfahrungen zu sammeln. Deshalb packten wir unsere Tonnen in Liberia nicht einmal aus. Aber es vergingen dann doch sieben Jahre, bis es für uns eine Möglichkeit gab, in Gambia zu arbeiten.

1965 wurde Gambia unabhängig. Hanna Förster und unsere Kollegin Ruth Dieterich flogen hin. Jetzt gab es dort offene Türen für medizinische Hilfe und es wurden Visa dafür erteilt. Am 1. August 1966 kamen wir dann zu dritt in Gambia an: Hanna Förster, Ruth Dieterich und ich. Gambia ist etwa zu 90 Prozent muslimisch, aber wir erhielten alle Freiheit, das Evangelium zu verkündigen. Die Männer, die diese offizielle Erlaubnis gaben, dachten wohl, drei Frauen seien ungefährlich …

Nun mussten wir erst einmal herausfinden, wie wir den Menschen nahekommen konnten. Auf einer Erkundungsfahrt kamen wir nach Sibanor und trafen dort einen Mann, der frühere Missionare kannte und uns deshalb willkommen hieß. Er wurde zu unserem Freund und Fürsprecher und gab uns sogar ein Stück Land, auf dem wir das erste Klinikgebäude bauten. Zunächst sollte ich die Sprache lernen. Aber bereits am zweiten Tag standen etwa hundert Leute vor der Tür, um behandelt zu werden! So begannen wir gleich mit der medizinischen Versorgung. Wir schlossen Freundschaften, und sonntags gingen wir in die Dörfer, um das Evangelium weiterzugeben. Wir waren sehr willkommen in den Gehöften; viele Menschen waren interessiert, aber nur sehr wenige wagten den entscheidenden Schritt zu Jesus. Die Familienbande waren zu stark. Diejenigen, die Jesus nachfolgen wollten, wurden bedroht.

Die Arbeit machte mir Freude, obwohl ich meist allein und oft sehr müde war. Wir drei mit unseren unterschiedlichen Charakteren hatten es nicht immer leicht miteinander, aber im Gebet führte der Herr uns immer wieder zusammen. Er legte die Richtlinien für die Arbeit fest.

Ein Lebensrat, den ich jungen Missionaren mit auf den Weg geben würde, ist: »Geh als Gottgesandter, ohne für alles schon eine Antwort zu haben. Dann hat Gott viele gute, überraschende Erfahrungen für dich bereit.« Meinen Dienst würde ich im Rückblick so zusammenfassen: »Gnade ist's und weiter nichts.« Mir fällt spontan das Lied ein: »Du hast mein Leben so reich gemacht …« Während der langen Jahre hat sich die Arbeit in Gambia stark entwickelt. Zur medizinischen Arbeit kamen landwirtschaftliche Projekte dazu, die Übersetzungsarbeit, verschiedene Berufsausbildungsmöglichkeiten, um Menschen zu einem selbstständigen Einkommen zu verhelfen. Eines der neueren Projekte ist das Ernährungshilfe-Zentrum für unterversorgte Kleinkinder auf der Nordseite des Gambiaflusses in Chamen.

Maria Röbbelen gehört zu den ersten Missionarinnen des deutschen WEC. Von 1957 bis 1965 arbeitete sie in Liberia, in den darauffolgenden Jahren (bis 1985) in Gambia.

Maria Röbbelen als junge Frau in Afrika

»Herr, heile Mary Jean«

Mary Jean Robertson, Kongo

Ich war mit dem Fahrrad auf dem Heimweg von einem Besuch in Ibambi, einem Dorf, das etwa elf Kilometer von Nebobongo entfernt liegt. Der Hinweg war ohne Schwierigkeiten verlaufen; der Rückweg jedoch führte einen steilen Berg hinunter.

Konferenz der Missionare und Gemeindeleiter

Da der Kongo für den schlechten Zustand seiner Straßen bekannt ist, fuhr ich langsam und wählte meinen Weg sorgfältig aus. Zu meinem Entsetzen geriet ich aber mit dem Vorderrad in eine Wagenspur, in der ein großer Stein aus dem Schlamm herausragte. Mein Fahrrad kam abrupt zum Stehen, ich wurde durch die Luft geschleudert und landete mit voller Wucht in einem Graben auf dem Bauch. Mein Kopf schlug mit dem Kinn auf dem Boden auf, meine Brille flog in hohem Bogen davon. Das Geräusch von brechenden Knochen und der unmittelbar darauf folgende Schmerz verhießen nichts Gutes. Nach Luft schnappend drehte ich mich langsam auf den Rücken. Die Rippen schienen unverletzt zu sein, aber ein starker Druck deutete auf ein gequetschtes Brustbein hin. Jeder Atemzug schmerzte sehr.

Ich versuchte, mich vorsichtig aufzurichten. Erleichtert stellte ich dabei fest, dass ich mir offensichtlich kein Bein gebrochen hatte. Aber aus einer Platzwunde am Kinn tropfte Blut auf meine Bluse. Mir war schwindlig und ich fühlte mich elend.

Eine Kollegin holte mich mit dem Auto ab. Auf der Heimfahrt spürte ich einen neuen und zunehmend stärker werdenden Schmerz in meinem linken Handgelenk, das gleichzeitig immer steifer wurde. Als ich die Finger und das Handgelenk am Abend nicht mehr bewegen konnte, war ich mir sicher, dass die Hand schwer verletzt sein musste. Nachdem ich das Handgelenk geschient und den drei Zentimeter langen Schnitt am Kinn verbunden hatte, ging ich zu Bett. Die ganze Nacht quälten mich extreme Schmerzen; am nächsten Morgen ging es mir so schlecht, dass an Aufstehen nicht zu denken war.

Leider war der Arzt unseres Teams unterwegs, aber Donna, die Frau des MAF[5]-Piloten, schaute so oft sie konnte nach mir. Am Abend kam sie mit ihrem zweijährigen Sohn Matthew nochmals vorbei, um zu sehen, ob ich noch etwas brauchte. Vor dem Weggehen fragte sie: »Matthew, möchtest du für Mary Jean beten?« Matthew legte seine kleine Hand vorsichtig auf mein dick verbundenes Handgelenk und schloss die Augen. Mit tief bewegter, ernster Stimme betete er: »Herr, heile Mary Jean. Amen!« Ich lächelte. Er klang genau wie sein Vater.

Als ich am nächsten Morgen erwachte, versuchte ich als Erstes, meine Finger zu bewegen – und es gelang. Keine Schmerzen! Ich setzte mich erstaunt auf, entfernte Verband und Schiene und

---

[5] MAF (*Mission Aviation Fellowship*) ist ein internationaler, humanitärer, nicht kommerzieller Flugdienst.

machte eine Faust. Keine Schmerzen! Ich bewegte das Handgelenk hin und her. Keine Schmerzen! Ich lief zur Haustür. Donna stand gerade in ihrem Hauseingang. »Donna, schau!«, rief ich zu ihr hinüber und winkte mit meinem linken Arm. Ich atmete tief ein, und dabei wurde mir bewusst, dass der Schmerz im Brustbereich, der mich am Vortag so gequält hatte, völlig verschwunden war! Aufgeregt lief ich ins Badezimmer und riss den Verband von meinem Kinn weg. Die Wunde war bereits verschorft! Gott hatte ein Kindergebet erhört und tatsächlich ein Wunder getan!

Noch mehr als von dem Wunder selbst war ich davon bewegt, dass diese Eltern ihren Sohn Matthew in so jungem Alter das Beten gelehrt hatten. Es war mir schon manches Mal aufgefallen, wie Matthew während unserer gemeinsamen Gebete seine Zustimmung murmelte. Ich hatte dabei oft innerlich gelächelt, wie er seine Eltern nachahmte. War es doch mehr als bloße Nachahmung gewesen?

Wie ermutigend war es für dieses Kind zu erleben, dass Gott sein Gebet erhörte. Und welch eine Ermutigung für seine Eltern in einer Zeit, in der so viel Unsicherheit und Verwirrung im Hinblick auf Kindererziehung herrscht. Welch eine Freude muss es aber für unseren Herrn Jesus Christus gewesen sein zu hören, wie eines seiner kleinen Kinder voll Vertrauen betete: »Herr, heile Mary Jean. Amen!«

Die Kanadierin Mary Jean Robertson arbeitete 16 Jahre als Krankenschwester in Nebobongo im Nordosten des Kongo. Als Mutter von fünf Kindern und als Großmutter von sieben Enkeln war es ihr ein besonderes Anliegen, Kindern schon in jungem Alter das Beten nahezubringen.

Sicher – mitten im Kriegsgebiet

Judy Raymo, Libanon

»Sirenen heulen mitten in der Nacht. Schlaftrunkene kleine Jungen werden dunkle Treppen hinuntergeführt und der Kleinste getragen. Im Bomben-Luftschutzbunker sitzend, während Raketen über unsere Köpfe hinwegzischen und den Boden bei deren Explosionen erbeben lassen, helfe ich den Jungen, Bibelverse über Gottes Fürsorge und Schutz aufzusagen. Wir singen und beten.« So beschreibt unsere zwanzigjährige Tochter ihre Erfahrungen Anfang der 1990er-Jahre im Libanon.

Soldaten in Beirut

Was ich an Charles T. Studd, dem Gründer des WEC, immer schätzte, ist, dass er nie in einem komfortablen Büro in London saß, um die Missionsarbeit zu leiten. Er ging nach Afrika, als er zweiundfünfzig Jahre alt war, und opferte sich bei schlechter Gesundheit bis zu seinem Tod auf, indem er in gefährlichen

Gegenden ohne Komfort arbeitete und sich für Evangelisation, Bibelübersetzung und Gemeindearbeit einsetzte. Er verlangte nie etwas von anderen WEC-Mitarbeitern, was er nicht selbst tat.

Als Leiter des amerikanischen WEC-Aussendungszentrums wurden wir immer wieder von Eltern kontaktiert, die gläubig waren, sich aber trotzdem wegen ihrer Kinder, die im Ausland als Missionare arbeiten wollten, sorgten. Oft hörten wir Fragen wie: »Wie können Sie ihre Sicherheit garantieren?«; »Weshalb muss er an einen so gefährlichen Ort wie ... gehen?«; »Es gibt so viel Not hier, weshalb soll mein Kind ins Ausland gehen? Wer weiß, was dort passieren kann!«

Wir versuchten, geduldig zu erklären, dass ihre (erwachsenen) Kinder auf den Ruf Gottes für ihr Leben antworteten, dass es keinen Ort auf der Welt gibt, wo Sicherheit garantiert werden kann, und dass der sicherste Ort für jeden dort ist, wo Gott ihn oder sie nach seinem Plan haben will. Während wir ihnen versicherten, dass alle angemessenen Vorkehrungen für Gesundheit und Sicherheit getroffen würden, erklärten wir aber auch, dass die Arbeit eines interkulturellen Mitarbeiters Risiken beinhaltet, die eine Person, die zu Hause bleibt, vermeidet. Obwohl ihre Kinder sich dessen bewusst waren, hatten sie sich dennoch entschieden, dem Ruf Gottes zu folgen.

Das war alles gut und recht bis zu dem Tag, als unsere eigene Tochter Melanie, noch Studentin, uns mitteilte, dass sie mit WEC einen Kurzzeiteinsatz plane. Sie wolle für ein Jahr in Beirut, Libanon, in einem Waisenhaus für Jungen mitarbeiten. In Amerika galt Beirut damals als ein Synonym für Chaos. In den Medien sah man Bilder von Trümmerhaufen und Männern, die mit Schnellfeuerwaffen Fahrzeuge anhielten. Tatsächlich hatten wir Melanie manchmal aufgefordert, ihr Zimmer aufzuräumen, indem wir ihr sagten: »Hier sieht es aus wie in Beirut!« Zu jener Zeit wurde der Libanon regelmäßig von israelischen Raketen getroffen und syrische Soldaten patrouillierten mit Maschinengewehren in den Straßen der Stadt.

Es ist *eine* Sache, Eltern zu beruhigen, die zögerlich oder beunruhigt sind, wenn sie an den Auslandseinsatz ihres Kindes denken. Es ist eine ganz andere Sache, wenn die *eigene* Tochter sich entscheidet, in einem Kriegsgebiet zu arbeiten. Ich erinnerte mich daran, wie ich Jahre zuvor meiner eigenen Mutter deutlich machte, welch ein Vorrecht es sei, dass Gott sowohl meine Schwester als auch mich mit meinem Ehemann und unseren kleinen Kindern in den Missionsdienst berufen hatte. Gott nahm mich beim Wort! Ich musste mir in Erinnerung rufen, dass derselbe treue Gott, der uns berufen und geführt hatte, Melanie rief und führte – und uns das Vorrecht gab, unser Kind in seinen Dienst zu entlassen.

Für meinen Mann Jim war es viel schwieriger als für mich. Einerseits, weil Melanie die einzige Tochter unter unseren sieben Kindern ist. Andererseits, weil er den Krieg selbst erlebt hatte und sich Raketenangriffe nicht nur vorstellen, sondern sich gut daran erinnern konnte. So gewannen wir neu Verständnis und Geduld für die Eltern, welche uns gegenüber ihre Bedenken und Ängste ausdrückten.

Trotz aller dieser Überlegungen und Ängste wussten wir, dass Gott Melanie nach Beirut führte, und wir wussten auch, dass wir – wie C.T. Studd – selbst tun mussten, wozu wir andere Eltern ermutigten. Jim hatte später sogar die Möglichkeit, Melanie im Libanon zu besuchen. Er fand die ständige Präsenz von bewaffneten Soldaten zwar beunruhigend, war aber ermutigt, als er sah, was Gott im Leben der Waisenjungen und in Melanies Leben tat. Jim stellte fest, dass sogar die Nächte in den Luftschutzbunkern von Gott genutzt wurden, um sie näher zu sich zu ziehen.

Melanie erlebte am eigenen Leib, was viele Menschen in unsicheren Gebieten auf der ganzen Welt durchmachen, darunter auch viele unserer Glaubensgeschwister. Melanie lernte, dass Gott immer treu und gegenwärtig war und zu ihr über seine Liebe und Fürsorge sprach – sogar als neben ihr die Raketen explodierten. Ihr Leben mit ihm bekam eine neue Tiefe. Sie baute Freundschaften auf, die trotz Trennung, großer Distanzen und kultureller Unterschiede Bestand hatten. Und ihre Eltern wurden erneut daran erinnert: Der »sicherste« und beste Platz für jeden von uns wird nicht durch den geografischen Ort oder ein stabiles staatliches System bestimmt, sondern durch Gottes Plan.

Jim und Judy Raymo (USA) haben sieben Kinder und arbeiteten als Leiter und Verantwortliche für neue Mitarbeiter im WEC-Aussendungszentrum in den USA. Außerdem waren sie mit dem WEC in Großbritannien, Tasmanien, Australien und Kanada tätig.

Gott, wo bist du?

Patty Toland, Venezuela

Es gibt Dinge im Leben, die immer wieder vorkommen und auf die man sich deshalb innerlich einstellt. Aber manchmal ist man so auf eine Sache fixiert, dass man vergisst, dass es auch anders kommen kann. So war es bei mir. Und als es passierte, brach für mich eine Welt zusammen.

1981 rief Gott mich ganz klar in die Missionsarbeit. Deshalb brach ich mein Studium an der Universität ab und begann eine missionstheologische Ausbildung an einer Bibelschule. Ich war mir sicher, dass Gott mich nach Afrika rief, und zwar zu einem animistischen Stamm mit Geisterkult, der noch keine christliche Gemeinde hatte. Zwölf Jahre später wurden meine Träume wahr, als ich im heißen, feuchten, saftig grünen Westafrika aus dem Flugzeug stieg. Die freudigen Erwartungen, die in mir aufstiegen, ließen sich kaum unterdrücken. Ich platzte fast vor Freude.

Ich hatte keine Ahnung, dass ich dieses Land bereits sieben Monate später wegen einer medizinischen Behandlung wieder verlassen würde. Außerdem wurde mir gesagt, dass ich wegen meines schlechten Gesundheitszustandes vermutlich nie mehr zurückkehren könnte. Plötzlich war alles, worauf ich so lange hingearbeitet hatte, infrage gestellt. Eine schwere Last legte sich auf meine Schultern und hinterließ dunkle Fragen: »Gott, wo bist du? Warum kannst du dies nicht überwinden? Warum hast du so klar geführt und nun ziehst du mir den Boden unter den Füßen weg? Wie kann ich weiterleben, wenn alle meine Hoffnungen und Träume zerstört worden sind?«

Mein Weg durch diese inneren Kämpfe war dunkel. Ich war verwirrt; mehr und mehr nahmen mich Unglaube, Wut und Bitterkeit gefangen. Der erste Schritt hin zum Unglauben war, dass ich mich zu wundern begann, warum Gott mich den ganzen weiten Weg nach Afrika gebracht hatte, nur um mich dort zu verlassen. Ich konnte seine Gegenwart weder sehen noch fühlen. Ich suchte ihn, sehnte mich nach seinem Wort, einem Vers oder irgendeinem Gefühl der Sicherheit. Aber ich hörte und fühlte nichts. Ein junges Kätzchen und eine Mitarbeiterin gaben mir etwas Trost – aber Gott tat es nicht. Er blieb still. Ich war aufgebracht über seine offensichtliche Unfähigkeit, ein wirklicher und liebender Vater zu sein, so wie ihn die Bibel beschreibt.

Erst ein ganzes Jahr später begann ich, langsam – ich betone langsam – zu realisieren, dass Gott mir durch meine Mitarbeiterin und sogar durch das kleine junge Kätzchen seine Gegenwart gezeigt hatte. Ich war so darauf fixiert gewesen, etwas Übernatürliches von ihm zu erleben, dass ich seine Gegenwart in der natürlichen Umgebung einfach übersah. Er war spürbar bei mir – durch sie! Ich wollte ihn auf *übernatürliche* Art erleben – und übersah ihn im gewöhnlichen Alltag.

Eines Tages, als ich in einem Krankenhauszimmer lag, las ich aus purer Langeweile und Einsamkeit in der Bibel. In Psalm 50,23 steht: »Wer mir Dank sagt, bringt mir ein Opfer, das mich wirklich ehrt.« Ich spürte Bitterkeit in mir aufsteigen. Obwohl ich wusste, dass es nicht der Wahrheit entsprach, entschied ich mich, Gott laut zu sagen: »Ich habe nichts, wofür ich dankbar sein kann.« Ich erwartete, durch einen Blitzschlag getötet zu werden. Das hätte ich als gnädige Antwort Gottes angesehen und bereitwillig akzeptiert. Stattdessen hörte ich eine feine Stimme: »Deshalb ist es ein Opfer.« Es war mir nie in den Sinn gekommen, dass ein geflüstertes »Danke« in meiner Bitterkeit und Wut Gott mehr wert sein könnte als Jahre des Dankens während meiner guten Zeiten.

Die Zeit verging, aber es war keine Besserung meiner Gesundheit in Aussicht. Dadurch wurde alles, was ich über Gott und die Bibel wusste, zutiefst infrage gestellt und mein Glaube erschüttert. Ich erkannte, dass mein Glaube in der tiefen Krise meines Lebens nicht tragfähig genug war. Der Feind nutzte dies und versuchte natürlich, das letzte Fünkchen meines Gottvertrauens auszulöschen. In mir fand ein riesiger Kampf statt.

Ich wollte Gott zumindest eine angemessene Chance geben, um zu mir zu reden. So las ich die Bibel nochmals vom Anfang bis zum Ende durch. Vielleicht könnte auf diese Weise doch noch etwas in die letzten schmalen Ritzen meiner Gedanken sickern, die noch ein bisschen für Gott offen waren? Die Bibel in einem bitteren, wütenden Gemütszustand zu lesen, ist eine wirkliche Herausforderung. Meine Theologie wurde umgekrempelt, als ich feststellte, dass die Bibel viel mehr über Leiden und Prüfung spricht als darüber, wie sehr Gott uns segnen und glücklich machen will. Sogar Hiob schaute nach Norden, Süden, Osten und Westen und konnte Gott nicht finden. Trotzdem war er überzeugt, dass Gott seinen persönlichen Weg kannte. Und er war sich sicher, dass er aus der Zeit der Prüfung rein wie Gold hervorgehen würde (Hiob 23,8-10). Ich war davon nicht so überzeugt, aber ich war fasziniert, dass sogar Hiob Gottes Gegenwart nicht spüren konnte.

Mein letzter und vielleicht auch größter innerer Kampf während dieser Reise durch meine »Gefangenschaft« war, mich langsam von meinen eigenen, ehrgeizigen Bestrebungen zu trennen. Ich wusste ehrlich gesagt nicht, dass ich solche eigenen Bestrebungen überhaupt hatte. Ich dachte, dass meine Leidenschaft und mein Lebensziel von Gott seien. Aber als ich nicht bereit war, sie loszulassen, musste ich erkennen, dass es wohl meine eigenen gewesen waren.

Der ganze Gesundheitskampf dauerte neun Jahre, doch ich stellte fest, dass ich durch den körperlichen Kampf nur einen Teil meines Ichs abgestreift hatte. Es galt, noch viel mehr loszulassen. Diese Dinge schienen nur durch Leiden an die Oberfläche zu gelangen. In meinem Fall war ich offensichtlich nur dann bereit, loszulassen, wenn es ums reine Überleben ging.

Es gibt eine tiefere geistliche Quelle, die wahres Leben im Überfluss bringt; die Kostprobe war süß und ich würde sie für nichts eintauschen. Ich war nicht fähig, dies am tiefsten Punkt meiner Prüfung zu sagen. Aber als Gott mein Inneres heilte und ich seinen Willen über meinen eigenen stellte, führte mich das in eine ganz neue Freiheit hinein. Das Beste dabei war, dass ich bereit wurde, Dinge zu bedenken und in Erwägung zu ziehen, gegenüber denen ich vorher verschlossen war. Das Ergebnis davon ist, dass ich mehr als zuvor in ein ganz neues Leben geführt wurde: in ein tieferes Leben mit Gott und in seine Fülle.

Es ist immer noch meine Leidenschaft, mit »unerreichten« Menschen zu arbeiten, die das Evangelium bisher nicht gehört haben. Aber seit ich Afrika verlassen habe, gebraucht mich Gott in Lateinamerika, um Christen für Mission zu begeistern, sie für einen Missionseinsatz zu mobilisieren und auszubilden. Obwohl dies nicht meine Leidenschaft ist, kann ich doch sehen, wie Gott diese Arbeit gebraucht. Ich bin überzeugt, dass mein Herzensanliegen für die »Unerreichten« meinen Unterricht prägt und belebt. Weil Gott mich durch meine Lebenskrise dazu brachte, meine persönlichen Vorstellungen abzulegen und sie gegen seine auszutauschen, engagiere ich mich dort aus Gehorsam. Wenn ich ehrlich bin, glaube ich, dass Gott mich aufgrund seiner wunderbaren Gnade in der Ausbildung und Mobilisierung von Missionaren mehr gebraucht, als wenn ich direkt zu den unerreichten Volksgruppen gegangen wäre. Dieser Gedanke macht mich demütig und beweist mir, dass Gott besser weiß, wo mein Platz in seinem Reich ist. Dieses Wissen erfüllt mich mit Freude.

Patty Toland (USA) arbeitet seit 1990 mit dem WEC; sie war in der Elfenbeinküste, in Venezuela und in El Salvador tätig.

Patty Toland

Eine außergewöhnliche Begegnung

Eva, Norwegen

Es war sechs Uhr morgens, als das Telefon beharrlich klingelte. Es musste sich um einen Notfall handeln! Schnell nahm ich den Hörer ab.

»Mit wem, sagten Sie, spreche ich? Yazib …? Sie meinen Yazib aus …? Ja, ja. … Du bist aus dem Land geflohen und bist nun hier in Norwegen? Ich verstehe. … Du möchtest zu mir kommen, um zu besprechen, was du als Nächstes tun sollst? Ja, klar kannst du kommen! … Okay, wir sehen uns also dann in ungefähr einer Stunde.«

Völlig erstaunt legte ich den Hörer auf. Yazib war also aus seinem Land geflohen und war nun hier in Norwegen! Ich konnte es kaum glauben.

Meine Gedanken gingen zurück zu dem Tag, als wir ihn und seine Familie zum ersten Mal trafen: Wir lebten damals in einem Land im Nahen Osten. Der Verkehr in der Hauptstadt war wie immer hektisch und stockend gewesen. Das lag zum Teil vermutlich daran, dass die Freiheit hinter dem Steuerrad hier die einzige Freiheit war, derer man sich erfreuen konnte. Die Verkehrsregeln wurden nur als Richtlinien angesehen, die jeder Fahrer zu seinen Gunsten interpretierte. Mein Mann John war an diesem Tag geschäftlich unterwegs gewesen und froh, sich nach einem ermüdenden Vormittag auf den Heimweg zu begeben. Ein Taxi ohne offizielles Firmenschild stoppte vor ihm. Der Fahrer schlug einen angemessenen Fahrpreis vor, John stimmte zu, stieg ein, ließ sich bequem auf dem Rücksitz nieder und versuchte zu entspannen.

Aber seine Sehnsucht nach einer entspannten Fahrt wurde nicht erfüllt. Der Taxifahrer war nämlich jemand, der sich gerne mit Ausländern unterhielt.

»Aus welchem Land kommen Sie?«, begann er.

»Ich bin aus Norwegen«, antwortete John vorsichtig.

»Hey! Das ist wunderbar«, antwortete der Fahrer in perfektem Norwegisch.

Total überrascht fragte John: »Wie um alles in der Welt kommt es, dass Sie meine Sprache sprechen?«

»Ich habe sieben Jahre als Flüchtling in Norwegen gelebt!«

»Wirklich? Und nun sind Sie zurück, weil Sie keine dauerhafte Aufenthaltsbewilligung in Norwegen erhielten?«

»Ja, leider haben wir keine erhalten. Nach sieben Jahren wurden wir nach Hause zurückgeschickt und mussten unser Leben hier wieder von Grund auf neu beginnen.«

»Wo in Norwegen haben Sie gelebt?«

»Wir waren in einem großen Zentrum für Asylsuchende in der Nähe von Oslo.«

»Hmm, das kenne ich. Sie haben dort nicht zufällig einen Herrn Sven Johansson kennengelernt?«

»Was! Sie kennen Herrn Sven? Er ist einer unserer besten Freunde dort! Er hat uns so oft besucht! Und am Ende nahm er uns mit in seine Gemeinde. Schließlich wurden wir dank seiner Hilfe Nachfolger Jesu. Meine Frau und ich wurden beide getauft. Wir sind immer noch so glücklich, dass wir den Herrn in Norwegen kennengelernt haben. Vielleicht war dies der einzige Grund, dass wir unter so widrigen Umständen in Ihrem Land lebten. Doch nun sind wir glücklich, weil wir die Aufenthaltsbewilligung in Gottes Königreich erhalten haben – für ewig! Und dazu haben wir endlich Frieden für unsere Seelen gefunden!«

Er hatte Tränen in den Augen, als er daran dachte, welchen Unterschied die Liebe Jesu in ihrem Leben machte, sowohl bei ihm als auch bei seiner Frau und bei ihrem einzigen Sohn, Yazib.

John war sich bewusst, dass der Fahrer ihn leicht in eine Falle locken konnte, um herauszufinden, ob er im Land war, um »ausländische Religionen zu verbreiten«, wie es hier genannt wurde. Aber das schien in diesem Fall unwahrscheinlich. John spürte in seinem Herzen, dass dieser Mann absolut ehrlich war.

»Wie unglaublich, dass wir uns in diesem Taxi treffen, in einer Stadt, wo Millionen von Menschen leben!«, sagte John. Als sie unser Haus erreicht hatten, bestand mein Mann darauf, dass der Fahrer – er hieß Amal – auf eine Tasse Tee hereinkäme und auch mich kennenlernen sollte.

Dies war der Anfang einer langen und tiefen Beziehung zwischen Amals Familie und uns. Wir bewunderten ihren Mut, mit dem sie geheime Gottesdienste besuchten, waren aber auch um ihre Sicherheit besorgt. In diesem Land ist es lebensbedrohlich, dem Islam den Rücken zu kehren und ein Nachfolger Jesu zu werden. Doch Amal und seine Frau Pasha empfanden es als unerlässlich, sich mit anderen Christen zu treffen, um geistlich wachsen zu können. Sie erzählten uns, dass viele Leute sich Christus zugewandt hätten und Bibeln benötigten. Das Einzige, was wir tun konnten, war, an so viele Neubekehrte wie möglich Gottes Wort in ihrer eigenen Sprache zu verteilen und zu beten, dass Gott sie alle beschützen möge. Einige Zeit später zogen wir nach Norwegen zurück.

Als Amals und Pashas Sohn Yazib eine Stunde nach dem frühen Telefonanruf bei uns eintraf, erzählte er uns seine Geschichte: Ein Freund und er hatten CDs mit Erfahrungsberichten von Muslimen verteilt, die sich zum christlichen Glauben bekehrt hatten. Sein Freund wurde dabei erwischt und sofort ins Gefängnis geworfen, während Yazib entkommen konnte. Mit der Hilfe einer Gemeinde schaffte er es, das Land zu verlassen. Nun war er in Norwegen! Endlich konnte er seine Eltern auf ihrem Mobiltelefon anrufen, um ihnen zu sagen, dass er bei uns in Sicherheit war. Amal und Pasha weinten vor Erleichterung und priesen den Herrn dafür, dass er ihren Sohn beschützt hatte!

Was Yazib nicht wusste, war, dass fast zur selben Zeit, als wir uns in Norwegen trafen, Männer der Geheimpolizei zu Amal und Pasha kamen. Sie waren mitten in der Nacht mit Gewalt in das Haus eingedrungen und wollten Yazib im Schlaf überraschen. Obwohl seine Eltern ehrlich sagen konnten, dass sie nicht wussten, wo sich ihr Sohn aufhielt, wurden sie doch brutal zusammengeschlagen.

Nachbarn brachten sie zum nahe gelegenen Krankenhaus. Sie zweifelten daran, dass Amal überleben würde, denn er war bewusstlos und atmete kaum noch. Drei seiner Rippen sowie seine Nase waren gebrochen, und er hatte zahlreiche innere Verletzungen. Pasha hatte ein gebrochenes Bein.

Die Polizei beschlagnahmte alle Dokumente, die sie als Eigentümer ihres Hauses auswiesen. Sobald Amal und Pasha ihnen den Aufenthaltsort ihres Sohnes preisgeben würden, bekämen sie diese zurück. Nun waren sie obdachlos. Amal verlor zudem seine Arbeitsstelle; deshalb wurden sie von ihren jeweiligen Familien abhängig.

Während Yazib in Bezug auf seine Zukunft durch ein Jahr der Unsicherheit ging, durchlebten auch seine Eltern eine sehr schwierige Zeit. Aber jedes Mal, wenn wir mit ihnen sprachen, betonten sie, dass Gott treu ist und dass er sie dazu ausrüste, durchzuhalten. Ihr einziges Gebet war, dass ihr Sohn in Sicherheit sei und eine dauerhafte Aufenthaltsbewilligung in einem europäischen Land erhalte. Dieses Gebet wurde erhört und sie atmeten erleichtert auf. Als Yazib einundzwanzig Jahre alt wurde, konnten seine Eltern laut Gesetz nicht länger für seine Handlungen verantwortlich gemacht werden. Dank des Geldes, das durch unsere Heimatgemeinde gesammelt wurde, konnten Amal und Pasha einen christlichen Anwalt bezahlen, der diesen Tatbestand vor Gericht geltend machte. Schließlich erhielten sie alle Dokumente zurück; nach über einem Jahr unter schwierigsten Umständen konnten sie wieder in ihr Haus zurückkehren. Was sie erlebt haben, ist ein ermutigendes Zeugnis für andere, und sie bezeugen immer wieder, dass Gott allen, die ihn lieben, Treue erweist.

Sind Amal und Pasha nun in Sicherheit? Wird es ihnen auch in Zukunft gut gehen? Nach unseren menschlichen Maßstäben überhaupt nicht! Aber sie sind sicher und geborgen in Gottes Liebe und Fürsorge. Deshalb wird es ihnen gut gehen, was auch immer passiert. Lasst uns weiterhin für all die andern beten, die unter ähnlichem Druck leben müssen.

In diesem Bericht wurden aus Sicherheitsgründen alle Namen geändert.

Keiner ist wie du!

Susan Sutton, Tschad

Während unseres ersten Aufenthaltes im Tschad wurde Susan, eine unserer Zwillingstöchter, ernsthaft krank. Anfangs realisierten mein Mann Louis, der Arzt ist, und ich nicht, dass etwas nicht stimmte, da die Symptome erst nach und nach auftraten. Wir waren gerade aus unserem Familienurlaub Anfang Dezember 1992 zurückgekehrt, als Susan sich über einen verspannten Nacken beklagte. Wir nahmen an, dass dies von der langen Flugreise mit der unbequemen Schlafstellung im Sitzen kam, und machten uns keine weiteren Gedanken. Die Schmerzen besserten sich jedoch nicht. Zudem bemerkten wir während der nächsten Woche eine für unsere siebenjährige Tochter äußerst ungewohnte Müdigkeit. Eines Nachts weckte mich Susan, da sie wieder unter Nackenschmerzen litt. Ich ging mit ihr in die Küche, füllte ein Glas Wasser vom Wasserfilter ab und reichte ihr eine Aspirintablette gegen die Schmerzen. Sie wollte die Tablette nehmen, aber die Tablette fiel zu Boden, weil sie ihre Finger nicht mehr bewegen konnte. Ich erschrak heftig.

Louis hatte unsere Tochter die letzten Tage bereits aufmerksam beobachtet, und es waren ihm verschiedene Erklärungen für ihre Symptome durch den Kopf gegangen. Am Tag zuvor hatte er gefastet und Gott um Weisheit für die richtige Behandlung seiner Tochter gebeten. Als ich ihm nun erzählte, was mit der Tablette passiert war, untersuchte er Susan am nächsten Morgen sehr gründlich. Als er ihren Augenhintergrund spiegelte, sah er, dass ihr Hirndruck erhöht war. Sofort war ihm klar, dass sie mehr Hilfe benötigte, als man im Tschad erhalten konnte. Wir mussten nach Hause, in die Vereinigten Staaten!

Eine Notfall-Evakuierung aus Adré im Tschad ist kein einfaches Unterfangen. Adré ist eine Stadt im Busch, nahe an der Grenze zum Sudan und fast 1300 Kilometer von der Hauptstadt entfernt. Selbst zum nächstgelegenen Flughafen in Abéché benötigte man vier Stunden über die schlecht ausgebauten Pisten und holprigen Straßen. Der einzige Passagierflug von Adré in die Hauptstadt flog jeweils freitags, und nun war Samstag vor Weihnachten. Der Zustand unserer Tochter war zu ernst, um noch eine Woche zu warten. Wir würden auf Gott vertrauen müssen – er musste uns vorangehen und einen Weg finden.

Ohne zu wissen, wie lange wir weg sein würden, packten wir eiligst unsere Sachen und verließen Adré am Sonntagmorgen. Als wir in Abéché ankamen, sahen Susans Augen ganz eigenartig aus. Sie waren unnatürlich hell und schienen nichts fokussieren zu können.

Louis ging zur französischen Militärbasis, um nachzufragen, ob sie uns helfen könnten. Wir wussten, dass ihre Militärflüge jeweils am Samstag stattfanden, deshalb befürchteten wir, auch dafür zu spät dran zu sein. Das WEC-Team betete und wir erhielten den Bibelvers aus 2. Chronik 14,10, der uns die nächsten vier Tage begleiten sollte: »Du Herr, bist unser Gott; kein Mensch kann gegen dich bestehen!«

Auf der Militärbasis sagten sie uns, dass wir »Glück hätten«. Der Samstagflug sei aufgrund eines Problems mit der Maschine gestrichen worden. Sie würden nun am Montag fliegen und, ja, wir könnten mitfliegen. Gott war uns vorangegangen und hatte den Flug für uns geplant.

Am Montag wurden wir dann nach N'Djamena, der Hauptstadt des Tschad, geflogen. Susans Zustand schien sich täglich zu verschlechtern. Nachts konnte sie nicht schlafen und verlor viel Flüssigkeit. Wir wollten dringend nach Frankreich, aber in der Woche vor Weihnachten schien es unmöglich, auf dem einzigen Flug dorthin noch freie Plätze zu bekommen. Und dann auch noch für fünf Familienmitglieder gleichzeitig. Aber auch das war kein Problem für Gott. Wir konnten alle gemeinsam fliegen. Air France hatte in letzter Minute entschieden, eine größere Maschine als geplant in den Tschad zu senden, um für den Weihnachtsansturm bereit zu sein. »Herr, keiner ist wie du …!«

Unterdessen hatte sich Susans Zustand so rapide verschlechtert, dass Louis überlegte, ob er sie mit Steroiden behandeln sollte, um damit ihren Hirndruck zu senken. Ohne klare Diagnose ihrer Erkrankung war das keine einfache Entscheidung. Er wusste nicht, ob Steroide ihr helfen oder schaden würden. Louis betete um klare Weisung von Gott, kontaktierte einen Neurochirurgen in North Carolina und entschied sich dann, Susan dieses Medikament zu geben.

Am Dienstag landeten wir in Frankreich. Susan befand sich mittlerweile im Rollstuhl. Wir wollten unsere Reise unbedingt fortsetzen, aber an diesem Abend gab es keinen Anschlussflug mehr. So mussten wir in einem Hotel übernachten. Drei lange Tage waren bereits vergangen, seit wir Adré verlassen hatten; es war sehr hart, nochmals eine Nacht warten zu müssen, bevor wir endlich ins Krankenhaus und nach Hause zu unserer Familie gelangen konnten. Louis und ich brachten unsere beiden anderen Kinder, Elisabeth und Scott, zu Bett. Wir wussten, dass Susan die ganze Nacht hindurch unsere Betreuung brauchen würde.

Wir beide waren erschöpft. Als Elisabeth und Scott schlafend in ihren Betten lagen, dankten wir Gott dafür, dass sie sich während der letzten Tage trotz allem so vorbildlich verhalten hatten. Wir betrachteten Susan, die unruhig schlief. Sie war so anders als das kleine Mädchen, das wir vor nur einer Woche noch gekannt hatten. Es brach unser Herz, sie so zu sehen. All die Anspannung, Unsicherheit und Sorge der letzten Tage holte uns ein. Wir gingen ins Badezimmer, damit die Kinder uns nicht hören konnten, und weinten beide hemmungslos. Ich hatte während der letzten drei Tage immer wieder einmal weinen müssen, aber Louis, der als Arzt immer so ruhig wirkte und uns als fürsorglicher Ehemann und Vater bis dahin unerschütterlich und stark zur Seite gestanden hatte, brach jetzt förmlich zusammen und schluchzte herzzerreißend.

Fast eine Stunde lang hielten wir uns nur aneinander fest und weinten. Dann sprachen wir über Susan. Bis wir in einem Krankenhaus die nötigen Untersuchungen vornehmen konnten, würden wir nicht wissen, was ihr fehlte. Eines wussten wir jedoch sicher, und wir wollten uns daran festhalten: Gott ist gut! Was auch immer kommen mochte, wir wollten nicht aufhören, an Gottes Güte zu glauben.

Am nächsten Morgen warteten wir im Hoteleingang auf den Rollstuhlbus. Scott und Elisabeth, Susans Zwillingsschwester, vergnügten sich draußen in der ihnen unbekannten Winterkälte und bliesen mit ihrem Atem »Wölkchen« in die Luft. Susan lag drinnen auf einer Couch, den Blick starr vor sich hin gerichtet; ihren Körper konnte sie nur noch mit Hilfe bewegen. Trotzdem hatte sie einen lieblichen Gesichtsausdruck, was mir jedes Mal, wenn ich sie anschaute, die Tränen in die Augen trieb.

Die Zeit verging, doch der Bus kam nicht. Nach einer halben Stunde erkundigte sich Louis an der Rezeption und kehrte kurz darauf mit ungläubigem Gesichtsausdruck zurück. Die Fluggesellschaft streikte, es durften keine Fahrzeuge zum Flughafenterminal fahren. Zudem konnten wir niemandem unsere Situation erklären, da die Fluglinie auch keine Telefonanrufe entgegennahm. Wir schauten einander hilflos an. Dann kam uns Psalm 27,13 in den Sinn. »Doch ich vertraue fest darauf, dass ich noch sehen werde, wie gut Gott ist, solange ich lebe.«

Wir wussten, dass unser Team im Tschad und Freunde und die Familie zu Hause beteten. Wir hatten aber keine Möglichkeit, ihnen diese schlechten Neuigkeiten mitzuteilen. Wir neigten unsere Köpfe und beteten: »Aber du weißt es, Herr.«

Eine weitere halbe Stunde verging, bis uns die Frau an der Rezeption zu sich rief. Sie hatte uns mit wachsendem Interesse beobachtet und freute sich jetzt, uns die gute Neuigkeit mitzuteilen. Der Streik war urplötzlich beendet worden und der Rollstuhlbus auf dem Weg zu uns. »Herr, keiner ist wie du…!«

Wegen der Verspätung blieben uns in New York gerade mal fünfzehn Minuten Zeit, um den letzten Anschlussflug nach North Carolina zu erreichen. Bis zu unserem Terminal mussten wir durch den Zoll und noch durch ein weiteres Terminal. Und dies am Tag vor Weihnachten. Von vielen Seiten bekamen wir Hilfe, aber alle meinten, wir würden die Maschine nicht mehr erreichen. Trotz aller negativen Vorhersagen rannten wir vom Taxi bis zum Flugzeug – Louis trug Susan auf seinen Armen. Und tatsächlich: Wir erreichten unseren Flug und konnten die letzte Etappe antreten. »Herr, keiner ist wie du ...!«

Susan und Louis Sutton

Als wir zu Hause ankamen, verlor Susan das Augenlicht im linken Auge. Dank der Steroide blieb sie sonst aber stabil. Zwei Tage lang wurde sie im Krankenhaus untersucht, dann durfte sie nach Hause, um mit uns verspätet Weihnachten zu feiern. Die Untersuchungen ergaben Druckstellen am Gehirn, aber keinen Tumor. Schließlich kamen die Ärzte zur Diagnose, dass dies ein seltener neurologischer Zustand sei. Die Behandlung würde einige Monate in Anspruch nehmen, und die empfohlene Behandlung dieses Zustandes lautete: Steroide! »Herr, keiner ist wie du ...!«

Innerhalb der nächsten fünf Monate verbesserte sich Susans Gesundheitszustand und ihr Sehvermögen zunehmend. Heute hat sie nur noch eine leicht beeinträchtigte Sehstärke als Erinnerung an diese turbulente Zeit.

Für uns ist dieser Abschnitt unseres Lebens voller Erinnerungen an das wunderbare Eingreifen Gottes in einer Krise. Jahre zuvor hatte er versprochen, unsere Kinder mehr zu lieben, als wir es jemals könnten. Er werde auf sie aufpassen. In dieser Notlage zeigte er uns, wie vertrauenswürdig er ist. Er gab Louis Weisheit, als er als Arzt verzweifelt versuchte, seinem Kind zu helfen. Er gab uns emotionale Stärke, als wir hilflos zuschauen mussten, wie es unserer Tochter immer schlechter ging. Er führte uns Schritt für Schritt über scheinbar unüberwindbare Hürden. Er brachte uns nach Hause.

Louis und Susan Sutton haben drei Kinder und arbeiteten seit 1987 im medizinischen Bereich im Tschad und danach als Heimatleiter der WEC-Aussendungszentrale in den USA. Seit 2011 sind sie internationale Leiter des WEC International.

Ein buddhistischer Mönch findet zu Christus

Nina Drew, Kaschmir

Dorje entstammte einer alten fürstlichen Familie. Seine Vorfahren herrschten über die Bevölkerung der bergigen Provinz Ladakh, als diese noch ein autonomer Staat war. 1968 war Ladakh allerdings bereits seit fast zwanzig Jahren die östlichste Provinz des Staates Jammu und Kaschmir.

Unterwegs im Himalaja

Die Bewohner dieser hoch gelegenen Bergregion unterscheiden sich von denen jenseits des Passes auf dem Kaschmir-Plateau. Die Menschen in Ladakh sind mit den Tibetern verwandt, ein zähes, fröhliches, kleines Volk, das den Lamaismus, eine Form des Buddhismus, praktiziert. Obwohl Dorje und seine Familie im Staat keine echte Macht mehr hatten, wurden sie doch von allen hoch verehrt. Wer einem niedrigeren Stand angehörte, warf sich dreimal vor Dorje nieder und berührte mit seiner Stirn den

Boden, wenn er sein Audienzzimmer betrat. Der Respekt, der ihm als Mitglied einer Fürstenfamilie entgegengebracht wurde, steigerte sich noch, als Dorje in ein Lama-Kloster eintrat. Indem er seine weltlichen Möglichkeiten zugunsten eines spirituellen Lebens aufgab, bewies er seine Hingabe an Buddha. Innerhalb weniger Jahre hatte er sich mit den Klassikern der tibetischen religiösen Literatur vertraut gemacht.

Tibetische Tänzer

Dorje war nicht ins Kloster gegangen, um Menschen zu beeindrucken, sondern weil er innerlich auf der Suche war. Er hatte hohe Ideale, wusste aber, dass er sie nicht erreichen konnte. Viele Stunden verbrachte er im Lotussitz und meditierte. Er musste lernen, seine Gedanken zu kontrollieren! Wie kam es, dass er seine Ideale nicht verwirklichen konnte? Je mehr er über Demut meditierte, desto hochmütiger wurde er. Wenn er über Reinheit meditierte, überfluteten schlechte Gedanken sein Gemüt. Er kannte zwar die Ethik, aber nicht die Kraft. Das Leben war niederdrückend. Dorje wollte dem ewigen Kreislauf von Tod und Wiedergeburt entrinnen und den Zustand der Loslösung erreichen, das Nirwana. Wie konnte das geschehen?

Eines Tages traf Dorje einen Christen aus seinem eigenen Land. Dieser Mann war der Sohn eines hohen Würdenträgers von

Lhasa und früher Buddhist gewesen. Wie unter Tibetern üblich, setzten sich die beiden Männer einander gegenüber, tranken heißen, gesalzenen Buttertee und sprachen über den Sinn des Lebens. Zuerst legte Dorje seinen buddhistischen Glauben dar. Dann erzählte sein Freund von dem Reichtum, den er in Christus gefunden hatte. Dorjes innere Sehnsucht wuchs, als er erkannte, dass alles, was er suchte, in Christus vorhanden war: Vergebung für begangene Sünden, Kraft zum Überwinden, Entrinnen aus dem Kreislauf von Wiedergeburt und Tod zu einem Ort namens »Himmel« und die ewige Gegenwart des Einen, der nicht nur den Weg zeigte, sondern von sich selbst sagte: »Ich bin der Weg.« So wurde Dorje Christ.

Eine Frau aus Kaschmir

Er gab das Klosterleben auf und ergriff einen weltlichen Beruf. Seine Fähigkeiten wurden anerkannt; er erhielt ein hohes Amt, das er gewissenhaft ausfüllte. Doch bald regte sich Widerstand. Die Buddhisten waren verärgert, dass ein Christ ein so hohes Amt bekleidete. Es kam zu Aufständen und Demonstrationen. Auf dem Höhepunkt der Machenschaften seiner Gegner wurde

Dorje unter falscher Anschuldigung als Dieb in Handschellen durch die Stadt geführt.

Als er im Gefängnis auf den Prozess wartete, kamen ihm die Verheißungen der Bibel auf ganz neue Weise nahe. Christus, der auch falsch beschuldigt worden war und einen Prozess über sich ergehen lassen musste, sagte: »Ich bin immer bei dir« (vgl. Matthäus 28,20). Sein Friede durchflutete Dorjes aufgewühltes Herz.

Durch Gottes Eingreifen wurde der Fall nicht im örtlichen Gericht, sondern in einer anderen Stadt, entfernt von den Gegnern, verhandelt. Da es offensichtlich war, dass die Anschuldigungen aus der Luft gegriffen waren, wurde Dorje vollständig freigesprochen. Der Amtsrichter sagte ihm, dass er das Recht habe, seine Gegner wegen übler Nachrede anzuklagen. Doch in Dorjes Antwort zeigte sich der Geist seines Herrn: »Ich bin Christ, deshalb vergebe ich ihnen.«

Eine neue Laufbahn begann für Dorje. Seit seiner Bekehrung vor vielen Jahren hatte er sich regelmäßig mit einer kleinen Gruppe von Christen aus der Provinz Ladakh getroffen und ihnen aufgrund seiner Erfahrungen mit Gott manches aus der Bibel weitergegeben. Nun wurde er ihr Pastor. Seine Kenntnisse des Buddhismus machten ihn zu einem ausgezeichneten Evangelisten. Aber dies war noch nicht alles, was Gott mit ihm vorhatte. Dorjes langjähriges Studium der tibetischen Klassiker war eine Vorbereitung für seine größte Aufgabe gewesen: eine neue Übersetzung der Bibel. Einige Jahre lang arbeitete Dorje an einer völlig neuen Bibelübersetzung ins Tibetische, die möglichst vollkommen und nicht nur für die Einwohner von Ladakh, sondern auch für Tibeter aus verschiedenen Gegenden Tibets geeignet sein sollte.

Christus hatte sich Dorje nach Jahren des Suchens offenbart. In ihm, der von sich sagt: »Ich bin der Weg, die Wahrheit und das Leben« (Johannes 14,6), fand Dorje den wirklichen Sinn des Lebens – und was er gefunden hatte, gab er an viele andere weiter.

Nina Drew (Neuseeland) wurde 1959 auf Kaschmir aufmerksam und arbeitete viele Jahre in dieser Region.

Niemals verlassen

Valda Langton, Indien

Schier endloser Regen und Erdrutsche hatten die Straße nach Batote (Nordindien) zwölf Tage lang unpassierbar gemacht. Wir waren als Familie in zwei entlegenen Dörfern in Kaschmir zu Besuch gewesen und befanden uns nun auf dem Rückweg. Nachdem die Straße wieder freigegeben worden war, nutzten wir die erste Gelegenheit zur Weiterfahrt in einem Bus. Unserem dreieinhalbjährigen Sohn Stephen ging es nicht gut; er hatte hohes Fieber und war sehr lärm- und lichtempfindlich. Ich vermutete eine Hirnhautentzündung. Am nächsten Tag hatte er Krampfanfälle – was meine Vermutung bestätigte. Wir entschlossen uns, ihn ins etwa 400 Kilometer entfernte christliche Krankenhaus in Ludhiana zu bringen.

Um 21.00 Uhr hielten wir einen Lastwagenfahrer an, der auf dem Weg nach Jammu war und uns mitnahm. Als wir nach Mitternacht in Jammu ankamen, merkten wir, dass es Stunden dauern würde, bis der nächste Bus nach Ludhiana fuhr. Inzwischen krümmte sich Stephen vor Schmerzen und schrie laut. Wie sollte er den Trubel im Busbahnhof und dazu die Reise nach Ludhiana überstehen? Wir wussten, dass wir ihn ins örtliche Krankenhaus bringen mussten.

David, mein Mann, fuhr mit Stephen in die Klinik, während ich mit unseren anderen Kindern im Busbahnhof blieb, die Campingbetten und das Bettzeug zusammenpackte und dabei unablässig um Gottes Bewahrung betete. Sein Versprechen »Ich werde dich nie verlassen und dich nicht im Stich lassen« (Hebräer 13,5) beruhigte unsere aufgewühlten Herzen! Dann kam David zurück und brachte uns zu Stephen in eine chaotisch wirkende Kinderabteilung. Eine Krankenschwester gab Stephen eine Penizillinspritze, die aber einen neuen Krampfanfall auslöste. Ich fragte, ob wir nicht ein Einzelzimmer bekommen könnten. Wir wurden in ein Doppelzimmer direkt neben der Männerabteilung geführt.

Der diensthabende Arzt war erst kürzlich aus Großbritannien zurückgekommen. Er gab Stephen hoch dosierte Penizillintabletten, zerkleinert und mit Marmelade vermischt. Wir stellten dann unser eigenes Penizillin zur Verfügung und kauften die Marmelade im Basar.

Nach fünf Tagen wurde Stephen als ausreichend gesund eingestuft, um nach Hause reisen zu können. Unser sonst so lebhafter Junge war zwar nur noch ein Schatten seiner selbst, aber wir waren Gott sehr dankbar! Man erzählte uns, dass Kinder aus der Gegend, in der wir gewesen waren, schon an Hirnhautentzündung gestorben seien.

Nach einer Woche zu Hause bekam Stephen plötzlich einen Rückfall. David war eine Tagesreise entfernt bei einem dienstlichen Treffen. So reiste unser Koch Ghulam mit uns nach Ludhiana. Noch vor 9.00 Uhr saßen wir erneut dicht gedrängt im Führerhaus eines Lastwagens, der auf dem Weg nach Jammu war. Unser Plan war, mit einem Bus zum Bahnhof Pathankot zu fahren und dort – hoffentlich – in einen Zug umzusteigen, der uns zum christlichen Krankenhaus nach Ludhiana bringen sollte.

Kurz nach 17.00 Uhr kamen wir in Pathankot an, und ich stellte mich schnell in die lange Schlange vor dem Fahrkartenschalter, denn um 17.30 Uhr sollte der Zug abfahren. Als ich an der Reihe war, sagte der Angestellte: »Kein Platz mehr frei!« Ich entgegnete: »Aber mein Sohn ist sehr krank, wir müssen zur Behandlung nach Ludhiana!« »Sie können höchstens den Schaffner fragen. Sein Büro ist am Bahnsteig«, war die Antwort. Ich suchte nach dem Büro, aber der Schaffner war nicht da, sondern irgendwo in der Menschenmenge. In wenigen Minuten sollte der Zug abfahren, und der nächste ging erst sechs Stunden später!

Hunderte von Menschen wimmelten auf dem Bahnsteig durcheinander: Soldaten, die nach Hause oder zum Dienst fuhren; Leute vom Land und aus der Stadt; Händler, die mit lauter Stimme ihren Tee oder etwas zum Essen anpriesen; Kulis, die sich mit Gepäck durch die Menge drängten – und dazwischen ich, eine einsame Frau, die jemanden suchte, den sie nicht einmal kannte! Betend bewegte ich mich den Bahnsteig entlang und blieb bei drei Männern stehen, die in ein reges Gespräch vertieft waren. Ich unterbrach sie: »Kann mir jemand sagen, wie ich den Schaffner finde? Mein Sohn ist sehr krank, aber es gibt keine Plätze mehr im Zug!« Einer der Männer erwiderte: »Der Schaffner bin ich! Kommen Sie mit.« Mein Herz machte einen Freudensprung und strömte über vor Dankbarkeit, dass Gott uns nicht im Stich gelassen hatte. Wir folgten dem Schaffner, der uns gerade noch zu einem Sitzplatz verhalf, bevor der Zug den Bahnhof verließ.

Fünf Stunden dauerte die Zugfahrt nach Ludhiana. Wie sollte ich diese Zeit verbringen? Der Herr wusste es – er hielt mich während der ganzen Fahrt beschäftigt. Der einzige Zivilist im Abteil war ein muslimischer Imam. Die übrigen Mitreisenden waren Soldaten, darunter ein Offizier, Angehöriger einer hohen Hindu-Kaste. Sie wollten alle wissen, warum wir unterwegs waren, und stellten auch geistliche Fragen. Es ergab sich ein lebendiges und zugleich tiefgründiges Gespräch zwischen den Hindus, dem Muslim und mir als Christin. Am Ende der Fahrt hatte ich alle Traktate und viersprachigen Bibelteile weitergegeben, die ich dabeihatte. Meine Tasche war leer, und ich war fast überrascht, dass wir schon in Ludhiana ankamen.

Als ich im Krankenhaus ankam, wurde mir gesagt, dass es in der Kinderabteilung keinen Platz für Stephen gab; sie war mit Diphtheriepatienten belegt. So setzte ich mich mit einem Arzt und seiner Frau in Verbindung, die ich noch von meiner Zeit an der Sprachschule kannte. Obwohl es schon nach 23.00 Uhr war, nahmen sie uns freundlich auf. In der Zwischenzeit war Stephen vom Kinderarzt untersucht worden und wurde wieder mit Penizillin behandelt. Nach einigen Tagen ging es ihm besser. Ein Seh- und Hörtest fiel erfreulich aus. Die Ärzte führten den Rückfall darauf zurück, dass die Medikamente zu schnell abgesetzt worden waren. Nun konnten wir nach Hause zurückkehren.

Für uns war es eine Lernerfahrung, dass Gott in allen Umständen immer einen Ausweg bereit hat, den wir ertragen können. Für mich, sein Kind, war dieser Ausweg, auf ihn zu vertrauen und auf sein Versprechen: »Ich werde dich nie verlassen und dich nicht im Stich lassen.«

Valda und David Langton (Australien) waren einige Jahre in Indien und Kaschmir tätig.

Operation mit Hammer und Meißel

Laurenz Gossweiler, Tschad

Ich fühlte mich so allein und unfähig, als ich dastand und einen Meißel an ihren Kopf hielt, um ein Loch in ihren Schädel zu schlagen. Ich hob den Hammer und betete: »Herr, hilf mir!«

Eigentlich hätte es nicht so sein sollen. 1999 hatte ich mich für einen medizinischen Einsatz im Tschad (Afrika) entschieden. Zusammen mit einer anderen Schweizer Arztfamilie wollten wir die Verantwortung für ein ländliches Krankenhaus übernehmen. Seit dem Abschluss meines Medizinstudiums war es mein Bestreben gewesen, in einem Team zu arbeiten, da ich meine Grenzen kannte. Gott hatte aber andere Pläne mit mir. Kurz bevor wir in dieses abgelegene Dorf kamen, musste mein Kollege wegen eines Notfalls in die Schweiz zurückkehren. Es blieb mir nichts anderes übrig, als meine Arbeit im Krankenhaus allein zu beginnen. Nun befand ich mich genau in der Situation, vor der ich mich schon immer gefürchtet hatte und die ich deshalb unbedingt vermeiden wollte.

In diesem Krankenhaus gab es weder fließendes Wasser noch Elektrizität. Die nächste Klinik war weit entfernt – fünf Stunden Autofahrt. Mein Mitarbeiterteam bestand aus acht »Krankenpflegern« mit äußerst mangelhafter Ausbildung. Es gab im ganzen Dorf kein einziges Telefon, das ich für eine fachliche Rücksprache mit einem anderen Arzt hätte benutzen können. Ich war somit für alle Entscheidungen allein verantwortlich. Ich schrie zum Herrn um Hilfe und Weisheit.

Nach etwa drei Wochen in meinem neuen Zuhause – ich war immer noch damit beschäftigt, mich bei der Arbeit zurechtzufinden – wurde eine bewusstlose Frau in die Klinik eingeliefert. Tags zuvor hatte sie auf dem Feld gearbeitet und war mit der zweiten Ehefrau ihres Mannes in einen handgreiflichen Streit geraten. Diese hatte ihr mit der Hacke auf den Kopf geschlagen. Die Wunde wurde zunächst von einem Krankenpfleger genäht, worauf es der Patientin gut zu gehen schien. Später jedoch wurde sie schläfrig und verwirrt. Als ich sie sah, war sie schon in tiefer Bewusstlosigkeit und zeigte keinerlei Reaktionen mehr. Für mich war klar, dass dies durch eine Blutung hervorgerufen wurde, welche auf ihr Hirn drückte.

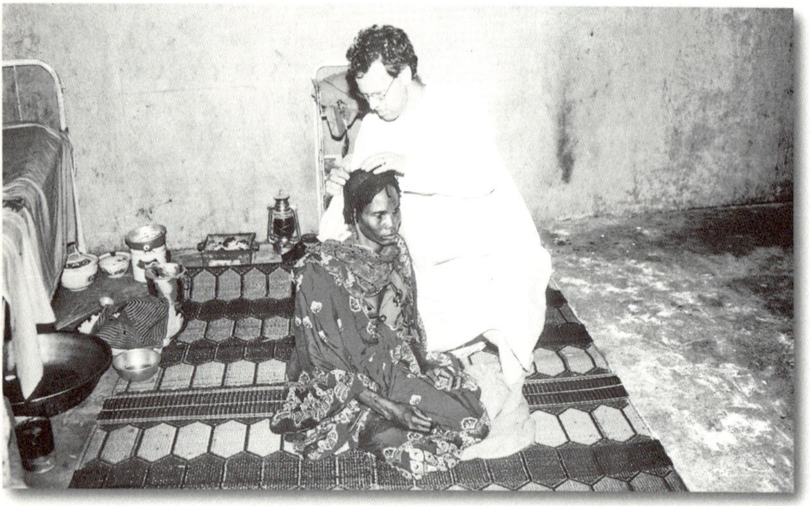

Dr. Gossweiler untersucht im Krankenhaus Isallas Kopfwunde

In meinen Medizinbüchern hieß es: »Die Patientin wird sterben, wenn Sie nichts unternehmen. Versuchen Sie, den Schädel zu öffnen, um das Blutgerinnsel zu entfernen.« Das hatte ich noch nie gemacht. Welche medizinischen Instrumente standen mir zur Verfügung? Wie sollte ich sie betäuben? Was sollte ich tun?

Nach vielen Gebeten und Schweißtropfen entschloss ich mich, diesen operativen Eingriff zu versuchen. Da nebenan gerade ein neues Haus für einen Mitarbeiter gebaut wurde, bat ich den Leiter unseres Missionsteams, mir Hammer, Meißel und Bohrer von der Baustelle zu besorgen. Die Werkzeuge wurden desinfiziert, und ich startete, indem ich die Stiche der genähten Wunde öffnete. Nach einigen Versuchen gelang es mir, mit meinen Bauwerkzeugen ein fünf Zentimeter großes Loch durch den Schädelknochen zu bohren. Ich konnte direkt auf ihr Gehirn sehen, aber keine Anzeichen einer Blutung entdecken. Es fehlte mir der Mut, ein weiteres Loch an einer anderen Stelle des Schädels zu bohren (wie es in meinen Büchern empfohlen wurde). »Zumindest habe ich es versucht«, dachte ich, »diese Frau wird leider sowieso sterben, entweder wegen des überhöhten Hirndrucks aufgrund der Blutung oder durch eine Infektion wegen der unpassenden Werkzeuge.« Ich ließ das Loch im Schädelknochen, verschloss die Kopfhaut und verschrieb Antibiotika.

Erschöpft und enttäuscht, weil mein Eingriff misslungen war, ging ich nach Hause. Alle meine Befürchtungen, allein nicht zu genügen, hatten sich bestätigt. Als ich am nächsten Morgen in die Klinik kam, wollte ich sofort wissen, was mit der Frau in der Nacht passiert war. Ich fragte den Nachtwächter, um welche Zeit die Frau gestorben sei. Er antwortete: »Komm und schau selbst.« Wir gingen in ihr Zimmer – und da saß die Frau auf ihrem Bett und lächelte uns zu. Auf ihrem Kopf trug sie den weißen Verband wie einen Turban. Ich konnte es nicht glauben! Zum ersten Mal konnte ich mit ihr sprechen – sie hieß Isalla. Offenbar hatte das Loch im Schädel den Druck auf das Gehirn reduziert. Und wunderbarerweise erholte sich Isalla – nach einer vorübergehenden leichten Lähmung auf einer Körperseite, die mein Eingriff verursacht hatte – vollständig und konnte die Klinik einige Tage später verlassen.

Für mich war es ein Wunder, dass sich durch meinen unsterilen Eingriff mit Hammer und Meißel keine Infektion entwickelt hatte. Mit meinem wissenschaftlichen Denken kann ich noch immer nicht erklären, weshalb Isalla überlebte. Es geschah wirklich ein Wunder durch den Einen, für den »nichts unmöglich« ist.

Als ich meine Arbeit in diesem Dorf ohne einen Kollegen beginnen musste, fühlte ich mich wie Josua nach Moses Tod. Es war sicher eine absolut überfordernde Aufgabe für Josua, die Israeliten nach dem gesegneten und begnadeten Dienst von Mose anzuführen. Aber Gott kannte sein ängstliches Herz und ermutigte ihn immer wieder: »Sei mutig und stark, ich will mit dir sein.«

Was ich mit Isalla erlebte, war wie Gottes Reden zu mir: »Ich habe alles unter Kontrolle. Schau nicht auf die Umstände und auch nicht auf deine eigenen Fähigkeiten. Meine Möglichkeiten übertreffen alles. Ich will mit dir sein!« Das war eine riesige Ermutigung für mich!

In den folgenden Jahren begegneten wir Isalla gelegentlich auf der Straße und sahen, wie sie glücklich ihr Leben meisterte. Um mich zu vergewissern, dass es sich wirklich so zugetragen hatte, ertastete ich manchmal mit meinen Fingern das Loch im Schädel unter ihrer Kopfhaut. Gott ist immer noch derselbe wie zu Zeiten Josuas!

Laurenz und Marianne Gossweiler aus der Schweiz arbeiteten neun Jahre lang unter einfachsten Verhältnissen als Mitarbeiter des WEC-Teams in der medizinischen Arbeit im Tschad.

Laurenz Gossweiler mit seiner Familie im Tschad

Ernten, wo man nicht gesät hat

Traugott Böker, Indonesien

Mitte der 60er-Jahre folgten Colin und Janet Harrington aus Neuseeland Gottes Ruf zu den unerreichten Volksstämmen auf der großen indonesischen Insel Sumatra, um ihnen das Evangelium zu bringen. Sie fühlten sich von Gott nach Bengkulu, einem Hafenort an der Südwestküste, geführt. Schon bald wurde ihr Kleinbus zu einem bekannten Anblick in den Straßen der Stadt und darüber hinaus, denn auf dem Kleinbus stand mit fetten Buchstaben *Persekutuan Injil Internasional* (»Internationale Evangeliums-Gemeinschaft« – der indonesische Name für den WEC).

Bei einem beruflichen Aufenthalt in Bengkulu sah ein Mann aus dem in Südsumatra beheimateten Stamm der Serawai diesen Kleinbus. Das Wort »Injil« (Evangelium) blieb in seinen Gedanken hängen. Als gläubiger Muslim wusste er, dass der Koran Nachfolger Mohammeds, die religiöse Zweifel haben, ermutigt, im »Injil« zu lesen: »Wenn du Zweifel über die Offenbarung hegst, ... frage diejenigen, die vor dir das Buch (Injil) gelesen haben!« (Sure 10,94).

Nicht lange nachdem der Serawai nach Hause zurückgekehrt war, erhielt das Postamt in Bengkulu einen Brief mit der Adresse »An das ›Injil‹ in Bengkulu«. Die Post kam schnell zum Schluss, dass dieser für den Fahrer des »Evangeliumsautos« bestimmt sein musste. So wurde der Brief korrekt zugestellt. Er enthielt eine Einladung, das Serawai-Gebiet zu besuchen.

Harringtons hatten den Eindruck, dass ihr indonesischer Freund und Mitarbeiter Frederic Tobing die beste Person sei, um diese Einladung anzunehmen. Frederics Frau kam aus jener Gegend, und sie hatten schon lange für die Errettung der Serawai gebetet. Am Tag, als Frederic Tobing dort ankam, versammelten sich die Männer des Dorfes und warteten gespannt darauf, das Evangelium zu hören. Nachdem sie alles gehört und sich darüber ausgetauscht hatten, baten mehr als 300 Personen darum, getauft zu werden.

Serawai-Tellertanz

Dass sich in Indonesien eine so große Anzahl Menschen aus der islamischen Bevölkerung gemeinsam zu Christus wendet, ist bisher einzigartig. Bis heute gibt es eine lebendige Gemeinde unter den Serawai im Süden Sumatras.

Aber dies ist noch nicht die ganze Geschichte. Hundert Jahre vorher, Mitte des 18. Jahrhunderts, arbeiteten deutsche Missionare mit einer holländischen Missionsgesellschaft zusammen. Sie begannen, das Evangelium unter dem Stamm der Pasemah zu verkündigen, die ebenfalls in Südsumatra leben – ganz in der Nähe der Serawai. Viele Jahre arbeiteten sie in dieser schwierigen Gegend, während Freunde und Gemeinden zu Hause inständig für die Menschen im Süden der Insel Sumatra beteten. Aber es gab keine sichtbare Frucht.

Dann wurde einer der Deutschen so ernsthaft krank, dass er nach Bengkulu auf ein Schiff gebracht wurde, das ihn zurück nach Deutschland bringen sollte. Doch er starb, bevor das Schiff auslaufen konnte. Sein Leichnam wurde in Bengkulu bestattet, an der Seite von Kollegen, die ihr Leben ebenfalls verloren hatten, während sie sich darum bemühten, das Evangelium in diesen Teil Sumatras zu bringen. In Anbetracht der vielen Schwierigkeiten gab die Missionsgesellschaft die Arbeit unter den Pasemah schließlich auf und zog zu einer anderen indonesischen Volksgruppe weiter, welche für Gottes Wort empfänglicher war.

Das intensive und anhaltende Gebet von vielen war jedoch nicht vergebens! Hundert Jahre später war Gottes Zeitpunkt gekommen und WEC-Missionare hatten zusammen mit ihren indonesischen Kollegen das Privileg, dort zu ernten, wo sie nicht gesät hatten.

Traugott Böker war viele Jahre in Indonesien im Bereich der theologischen Ausbildung tätig, bevor er zusammen mit seiner Schweizer Frau Hanni die Leitung des deutschen Aussendungszentrums übernahm und danach in die internationale Leitung wechselte. Ende 2012 kehrten Bökers nach Indonesien zurück, um dort Christen für die Mission zu mobilisieren.

Hanni und Traugott Böker

Ein Regierungsvertreter staunt

Jack Harrison, Kongo

Die Konferenz im Jahr 1934, die nur drei Jahre nach dem Tod von C.T. Studd, dem Gründer des WEC, stattfand, war das größte Ereignis, das wir in diesem Teil des Kongos bisher erlebt haben. Das Gelände war schwarz von Menschen. Doch trotz der ungeheuren Menschenmenge blieb alles in geordnetem Rahmen. Totenstille und vollkommene Ehrerbietung während des Gebets, Aufmerksamkeit und Aufnahmebereitschaft bei den Predigten – all das zeigte, dass Gott mit seiner Kraft unter uns war.

Glaubenskonferenz im Kongo

Man kann es nicht beschreiben – die Menschenmengen, die strahlenden Gesichter, der Eifer, der Gesang, die schallenden Halleluja-Rufe. Man konnte nur staunend und ehrfürchtig davorstehen.

Ein Regierungsvertreter, der in der Nähe von uns in Ibambi lebt, kam mit seiner Frau zu einer der Versammlungen. Er hatte all die Vorbereitungen beobachtet und sich erkundigt, wer aus der Gegend kommen würde. Wir erklärten ihm, dass wir für etwa vier Tage zehntausend Menschen aus acht Stämmen des Distriktes erwarteten. Er konnte es nicht fassen und deutete an, dass es bei einem solchen Gemisch von Menschen an *einem* Ort Probleme und Kämpfe geben werde. Wir versuchten zu erklären, dass die Liebe Gottes in den Herzen der Menschen jegliche Stammesbarrieren überwinde, aber es war vergebens.

Bei der Versammlung, an der er teilnahm, konnte er alles mit eigenen Augen sehen. Die verschiedenen Volksgruppen wurden gebeten, nacheinander aufzustehen, um ihm zu zeigen, wie viele es seien. Zuerst die Barambos, dann Basandes, Medjes, Balikas, Babaris, Bayogos, Babudus, Balumbis – alle sichtlich glücklich! Zu Beginn der Versammlung stand jemand auf und reichte den Hocker einer Frau, der gefunden worden war, auf die Bühne; ein anderer hielt ein kleines Messer hoch und bat, den Besitzer ausfindig zu machen. Dann kamen verschiedene Gegenstände: farbige Perlen, eine Steuermarke, ein Stück von einem Bleistift, ein von Einheimischen geflochtener Hut etc. Dies alles war verloren gegangen und wurde auf die Bühne gereicht, damit es den Besitzern zurückgegeben werden konnte. Das war für den Regierungsvertreter unglaublich. Viele Mitarbeiter im Staatsdienst sehen in den Einheimischen nur Lügner, Diebe und Betrüger, weil sie Gottes Wirken in Menschenherzen nicht verstehen. Aber wir, die wir die herrliche Befreiungskraft des Evangeliums kennen, sahen, dass diese Menschen hier zutiefst verändert worden waren.

Zu sehen, wie sich die riesige Menschenmenge nach jeder Versammlung geordnet auflöste, war ein Ereignis, das man nicht so schnell vergisst! Absolute Ruhe während des Segens, gefolgt von einer weiteren kurzen Pause – und dann erhoben sich Tausende von Menschen. Wie dort üblich, trugen sie beim Weggehen ihre kleinen Hocker und Stühle auf den Köpfen. Für uns auf der Bühne sah es aus wie ein großer wogender Wald aus Armen.

Nachts war es ein Erlebnis, die Schlafplätze zu sehen. Drinnen war jeder zur Verfügung stehende Zentimeter eng mit Menschen belegt. Draußen leuchteten Hunderte von kleinen Feuern im Dunkeln, um die sich die Leute gruppierten. Meistens sangen und beteten sie bis tief in die Nacht hinein. In der einen Schlafbaracke ertönte ein Glaubenslied, das ganz anders klang als das, was die Leute daneben sangen. So ging es weiter – es war unmöglich, aus der Ferne zu erkennen, was gesungen wurde, da so viele verschiedene Melodien gleichzeitig ertönten. Tag und Nacht vibrierte das ganze Zentrum von Gebeten und Lobliedern.

Jack Harrison schloss sich 1922 C. T. Studd im Kongo an. 1925 heiratete er Mary Campbell; sie hatten einen Sohn. Nach Studds Tod war Jack Harrison von 1931 bis zu seinem Tod im Jahr 1946 Leiter der WEC-Missionsarbeit im Kongo.

Jack Harrison

Ein unerwarteter Neuanfang

Joann Young, Großbritannien

»Harry, kannst du uns helfen?« Harry, mein Mann, hatte gerade die Bank verlassen, als er zwei asiatische Christen traf, die sichtlich aufgeregt und beunruhigt waren. »Gestern haben die Leiter der christlichen asiatischen Gemeinschaft in Handsworth bekannt gegeben, dass sie wegziehen und dass deshalb die Versammlung aufgelöst wird.« Bei dieser Gemeinschaft handelte es sich um eine blühende Gemeinde, an deren Aufbau WEC-Mitarbeiter maßgeblich beteiligt gewesen waren. Die Gemeinde wuchs und gedieh, wurde eigenständig und setzte eine eigene Gemeindeleitung ein. Dieser plötzliche Weggang würde eine Gruppe von Kirchgängern verwaist zurücklassen.

Harry und ich gehörten zum Team des englischen WEC, das unter Immigranten arbeitet. Wir hatten vorher im Nahen Osten unter Arabern gelebt und sprachen Arabisch. Fast alle anderen Teammitglieder hatten in Indien gearbeitet und sprachen Hindi, Urdu oder Pandschabi. Seit 17 Jahren gehörten wir zu diesem Team und hatten unseren eigenen Verantwortungsbereich. Als Harry zu mir sagte: »Wir müssen am Sonntagmorgen die asiatische Versammlung besuchen«, wusste ich nicht, was auf uns zukam. Harry meinte, dass Kontinuität jetzt das Wichtigste für diese Gemeinde sei. Am Sonntag fanden wir eine eifrige Gemeinde vor, die biblisch gut geschult war – aber niemand hatte je einen Gottesdienst geleitet oder war am Lehrdienst beteiligt gewesen. Erst da wurde uns klar, welche enorme Aufgabe wir angenommen hatten.

Es wurde ein vollzeitlicher Dienst daraus. Harry wählte einige Männer aus, um sie als Älteste zu schulen. Ich übernahm die Arbeit unter den Frauen und die Sonntagsschule.

»Ich wollte schon immer dem Herrn dienen, was kann ich tun?«, erkundigte sich eine Mutter von fünf Kindern. Wir setzten sie als Verantwortliche der Sonntagsschule ein. Vielleicht hatte sie nicht die nötige Ausbildung, aber sie war eine geistliche Frau und kannte sich in der Bibel aus. Und – was auch sehr wichtig war – sie verstand es, Ordnung zu schaffen. Wir gewannen junge Leute vom Bibelinstitut in Birmingham und von der Stadtmission als Helfer bei den Mädchengruppen und dem Jungenclub. Manche machten ein Praktikum bei uns und arbeiteten auch danach noch mit.

Wir hatten zwar das Gefühl, dass unsere eigene Arbeit in dieser Zeit ins Hintertreffen geriet, aber wir liebten es, in der asiatischen Gemeinde zu sein. Die Möglichkeiten schienen endlos. Hunderte kamen zu Hochzeiten und Beerdigungen. Geburtstage, Jubiläen, Besuche zu Hause und im Krankenhaus – jeder Anlass war eine Gelegenheit, um das Evangelium weiterzugeben und neue Menschen kennenzulernen. Ganze Familien, Nachbarn und Freunde erschienen zu Taufgottesdiensten. Nach drei Jahren hatten wir den Eindruck, dass die Gemeinde nun auf eigenen Füßen stehen konnte und dass für uns die Zeit gekommen war, um weiterzuziehen. Aber dann wurden wir durch zwei außerordentliche Ereignisse zurückgehalten.

Oft bekehrten sich Frauen *vor* ihren Männern. Einige von ihnen hatten viel zu leiden, weil sie sich zu Christus hielten. Nurinder, eine Hindu, hatte sich siebzehn Jahre zuvor bekehrt. Es war ihr nicht möglich, am Sonntag in die Gemeinde zu kommen. So besuchte sie während der Woche die Gebetsversammlung oder die Frauenstunde am Nachmittag, wenn ihr Mann bei der Arbeit war. Daheim gab sie ihren Kindern weiter, was sie gelernt hatte. Eines Abends ging ihr Mann Mohinder in den örtlichen indischen Laden. Dort wurde gerade in einem hinteren Raum eine Götzenzeremonie abgehalten. Was dabei vor sich ging, flößte ihm so große Angst ein, dass er nach Hause eilte und seiner Frau sagte, er wolle ihre Kassette des indischen Pastors Jordan Khan hören. Nun bekam sie es mit der Angst zu tun, denn sie dachte, es sei eine Falle. Sie lief ins Badezimmer und betete. Dabei hatte sie den Eindruck, dass sie der Forderung ihres Mannes nachkommen solle. Mohinder hörte die Kassetten gleich zweimal hintereinander an. Dann zog er sich in sein Zimmer zurück und kniete nieder. Es war ihm, als sehe er ein großes weißes Blatt

Papier vor sich, auf dem alle seine Sünden verzeichnet waren. Er las es durch und sagte immer wieder: »Ja, Herr, das habe ich getan.« Er bekannte alles und tat Buße.

Unser Erstaunen war unbeschreiblich, als am darauffolgenden Sonntag die ganze Familie in den Gottesdienst kam; doch noch größer war die Verwunderung, als Mohinder aufstand, im Gebet seine Schuld bekannte und Gott dankte!

Shingaras Frau war seit acht Jahren gläubig. Als Anhänger der Sikh-Religion war er tolerant. Er interessierte sich nicht für den christlichen Glauben, gestattete aber seiner Frau und den Kindern, die Gemeinde zu besuchen. Sie war eine strahlende Christin und erzählte ihren Freunden von ihrem Glauben. Sogar an dem Abend, als sie ihr viertes Kind zur Welt brachte, stand sie noch am Autofenster einer Freundin und sprach mit ihr über Jesus. Später an diesem Abend wurde sie als Notfall mit Krämpfen ins Krankenhaus eingeliefert. Sie brachte ein gesundes Mädchen zur Welt, doch als ihr Mann sie das nächste Mal sah, war sie an die Herz-Lungen-Maschine angeschlossen. Die Gemeinde fastete und betete; wir besuchten sie fast täglich in der Klinik.

Als Harry an einem Tag im Gang des Krankenhauses mit Shingara und seinem Schwager betete, spürte Shingara eine Hand auf seiner Schulter. Er öffnete seine Augen, doch es war niemand da. Aber er spürte die Gegenwart des Herrn. Kurze Zeit danach öffnete er sein Herz für Jesus Christus und konnte seiner Frau erzählen, dass er Christ geworden war. Es war ein Geschenk, dass sie dies noch erleben durfte. Kurz darauf starb sie.

Zur selben Zeit erlebte die asiatische Gemeinde in Wolverhampton einen Aufschwung, nachdem sich eine ganze Reihe junger Männer bekehrt hatte. Einer davon war Juge Ram. Er arbeitete beim Amt für sozialen Wohnungsbau; seine Frau Geetha war früher Mitarbeiterin des WEC-Teams gewesen. Juge wuchs in seinem christlichen Glauben und merkte zugleich, dass nun etwas anderes an der Reihe war. So begann er einen Fernkurs an einer Bibelschule in Wales. Während beide sich Gedanken über ihre Zukunft machten, wurde die Gemeinde in Handsworth auf sie aufmerksam und trat mit der Frage an sie heran, ob sie gegebenenfalls mitarbeiten würden. Harry und ich waren in unserem fünften Jahr dort, als Juge und Geetha begannen, die verschiedenen Versammlungen zu besuchen und mit uns zusammenzuarbeiten. Juge arbeitete damals noch in seinem Beruf.

Ein Jahr später bekam Harry während einer Bibelstunde für Männer einen Herzinfarkt und starb. Nun war für Juge und Geetha die Zeit gekommen, in den vollzeitlichen Dienst einzutreten. Als bekehrte Hindus, aufgewachsen in der westlichen Kultur, waren sie das ideale Ehepaar für die Leitung der Gemeinde.

Auch heute wächst und gedeiht diese Gemeinde. Alle Altersstufen sind in ihr vertreten, und es kommen regelmäßig neue Personen dazu. Die Gemeinde ist ein lebendiges Zeugnis in einem fast ausschließlich von Immigranten bewohnten Gebiet. Sie bietet englische Sprachkurse an und hat eine dynamische Kinderarbeit. Juge hatte nie vor, eine ausschließlich asiatische Gemeinde aufzubauen. Die Gottesdienste sind zwar immer noch zweisprachig mit Liedern und Gebeten auf Pandschabi und Englisch, aber es kommen auch Menschen vieler anderer Nationalitäten dazu.

Joann Young ist Amerikanerin und war mit ihrem irischen Ehemann Harry viele Jahre im Nahen Osten tätig. Später gehörten sie in Großbritannien zum Team von »Neighbours Worldwide«, einem Arbeitszweig des englischen WEC, der unter Immigranten arbeitet.

Harry und Joann Young

An einem heißen Sommertag

Junior Damaceno, Frankreich

Im Juli 2008 ging Marie durch unsere Straße, die Rue Paul Doumer, und bemerkte das Schild »*Eglise Protestante*«. Dass es eine evangelische Gemeinde in Bethune gab, war ihr neu. Sie war auf der Suche nach Gott.

An diesem Tag hatten wir Besuch von brasilianischen Christen. Es waren 22 Pastoren und andere leitende Mitarbeiter einer Baptistengemeinde in Brasilien, die sich in Europa aufhielten, um mehr über die geistliche Situation hier zu erfahren. Sie hatten viele Ideen, wie man das Gemeindewachstum fördern könne. Wir mussten ihnen erklären, dass manches, was für Brasilien passt, nicht unbedingt auf Frankreich anwendbar ist. Ihre erste Überraschung war, dass es außer uns keine andere evangelikale Gemeinde im Ort gab – in ihrer Stadt gibt es allein 22 Baptistengemeinden! Die zweite Überraschung war die Mitgliederzahl unserer Gemeinde: 35. »Wie ist das möglich nach 100 Jahren am Ort?!«, war ihre Reaktion. Ja, wie soll man das verstehen, wenn in der eigenen Gemeinde 200 Leute im Jahr getauft werden? »Bei uns wurden in den letzten sieben Jahren sieben Leute getauft«, erzählte ich dem Hauptpastor. Während wir so im Gespräch waren, klingelte es an der Tür.

Ich führte die Besucherin, Marie, herum. Sie stellte Fragen über unsere Gemeinde und unseren Glauben. »Kann ich am Sonntag zum Gottesdienst kommen?«, erkundigte sie sich.

Sie kam tatsächlich. Die Brasilianer mit ihrer Musik und ihrem Enthusiasmus waren wieder weg, und bei uns ging wieder alles seinen normalen Gang. Vor diesem Besuch waren die Polizei, die Feuerwehr und jemand vom Rathaus da gewesen, um die Sicherheit bei uns zu überprüfen. Wir wussten nicht, was das Ergebnis der Überprüfung sein würde, aber wir waren besorgt, beteten zu Gott und hofften auf ein Wunder. Ende des Sommers erhielten wir die Nachricht: »Die Sicherheitsbeauftragten, die Ihre

Gemeinde überprüft haben, sind zu der Entscheidung gekommen, dass Ihr Gebäude geschlossen werden muss.« Nun sollten wir umziehen und wussten nicht, wohin! Marie war weiterhin jeden Sonntag im Gottesdienst und bekam die Situation mit. Eines Tages fragte sie: »Warum schreibt ihr nicht an den Bürgermeister und bittet um einen Ort, an dem ihr euch treffen könnt?« Wir hielten nichts davon, aber wir schrieben den Brief. Eines Abends um halb zehn erschien die Polizei mit viel Getöse und schloss unser Gemeindehaus offiziell und für immer. Es war ein Schock für uns, denn wir wohnten auch in diesem Gebäude.

Eines Morgens kam eine Mitteilung vom Rathaus, dass wir uns sonntags im großen Saal der Charité von Bethune treffen könnten. Kostenlos. Das Wunder war geschehen! Seit September 2008 finden unsere Gottesdienste nun in diesem Saal statt. Die Charité, früher ein katholisches Waisenhaus, jetzt eine Art Bürgerhaus, ist ein angenehmer Ort und liegt in der Altstadt von Bethune. Es ist warm; ganz in der Nähe gibt es einen Parkplatz. Der Saal ist ein öffentlicher Raum, sodass Menschen zu unseren Gottesdiensten kommen, die unseren früheren Versammlungsort nie betreten hätten.

Wir wussten nicht, dass Marie den Bürgermeister sehr gut kannte. Ihr Mann hatte jahrelang beim Rathaus gearbeitet. *Wir* wussten es nicht. Aber Gott!

Junior Damaceno gehört seit 1989 zum WEC International. Er ist Brasilianer und lebt mit seiner britischen Frau Susan und den Töchtern Melanie und Stephanie in Bethune (Frankreich).

Junior Damaceno

Vier Stunden auf dem Polizeirevier

N. N., Zentralasien

»Ihr werdet hier erwartet!«, tönte es vom unteren Stockwerk zu uns beiden herauf. Wir, eine einheimische Christin und ich, waren gerade mit einer Frau an ihrer Wohnungstür im Gespräch und hatten ihr ein Neues Testament überreicht. Sie bat uns, für sie zu beten. Wir lasen ihr Philipper 4,6 vor: »Sorgt euch um nichts, sondern betet um alles. Sagt Gott, was ihr braucht, und dankt ihm.«

»Es dauert nicht mehr lange!«, antworteten wir nach unten, da wir annahmen, dass dort unsere Freundinnen auf uns warteten. Plötzlich öffnete sich hinter uns die Tür des Lifts, und ein erboster Polizist kam auf uns zu. Er sprach uns schroff an und winkte uns mitzukommen.

Jetzt war es also so weit. Wir alle wussten, dass das Weitergeben von Bibeln hier in Zentralasien zwar nicht illegal war, jedoch zu einer Verhaftung führen konnte. Aber diese Menschen, denen es sonst nicht möglich war, Gottes Wort kennenzulernen, lagen uns so sehr am Herzen! »Herr …?«, fragten wir Gott in Gedanken.

Unten hatte sich bereits eine Menschenmenge gebildet. Schließlich kam es nicht alle Tage vor, dass ein Polizeibus vier ältere Ausländerinnen mitnahm.

Mittags um eins wurden wir auf der Polizeistation in einen Raum mit vielen Schreibtischen und Polizisten gebracht. Die einheimische Christin war die Sprecherin unserer Gruppe, da nur sie die Sprache fließend beherrschte. Mein Wortschatz beschränkte sich auf »Guten Tag« und »Dies ist ein Geschenk für Sie«. Wir zeigten unsere Pässe vor; dann begann das Verhör mit Fragen wie: »Zu welcher Organisation gehören Sie?«; »Woher kommt Ihre finanzielle Unterstützung?«. Uns wurde vorgeworfen, wir hätten Propagandaschriften verteilt. Die Neuen Testamente wurden konfisziert. Wir bemerkten allerdings, dass die Polizisten, die nicht am Verhör beteiligt waren, darin blätterten. Diese kleinen, grün eingebundenen Bücher interessierten sie offensichtlich.

Da die Polizeistation nicht genug Raum bot, wurden wir die Treppe hinunter nach draußen geführt, wo wir uns auf eine Bank zu setzen hatten. Es war ein sonniger, aber kalter Tag, und wir teilten uns einen Mantel. Einige Polizisten kamen nach draußen, um hier aus kleinen Gläsern ihren süßen schwarzen Tee zu trinken. Freundlicherweise boten sie uns auch welchen an. Wir griffen dankbar zu, denn der Wind pfiff uns um die Ohren. Vor uns stand ein Wächter mit einem großen Maschinengewehr. Manchmal marschierte er auch auf und ab.

Wir merkten, dass wir uns auf eine längere Wartezeit einrichten mussten. Die Diensthabenden erklärten, es sei eine Spezialeinheit aus einem anderen Stadtviertel angefordert worden, auf die wir zu warten hätten.

Wir beteten gemeinsam und spürten den Frieden unseres himmlischen Vaters. Die einheimische Christin bekam auf ihre Bitte hin die Erlaubnis, einige Anrufe zu tätigen. Wir wussten, dass sie damit eine Gebetskette in der ganzen Stadt in Gang setzte.

Nach drei Stunden trafen die Männer der Spezialeinheit endlich ein. Unsere einheimische Freundin wurde lautstark mit einer Fülle von Fragen bombardiert. Ich betete, während sie leise und ruhig antwortete. Als sich die Aufmerksamkeit dann auf mich richtete, war der Druck von ihr genommen, sie konnte mir zuhören und das Gesagte übersetzen.

Schließlich wurden wir nach oben ins Büro des Polizeichefs gebracht. Er war ein freundlicher Mann, der Interesse daran hatte, sich mit uns über den christlichen Glauben zu unterhalten. Unsere einheimische Freundin bemühte sich sehr, ihm das Evangelium zu erklären und ihm darzulegen, welch ein gutes Buch die Bibel doch sei. Der Polizeichef entschuldigte sich dafür, dass man uns festgenommen habe, und sagte, wir könnten nun gehen. Vor unseren Augen zerriss er auf unsere Bitte hin den schriftlichen Bericht. (Wir wussten allerdings, dass noch eine weitere Liste mit unseren Namen vorhanden war.) Die konfiszierten Neuen Testamente bekamen wir zurück. Zu unserer Freude bat der Polizeichef darum, eines behalten zu dürfen. Die restlichen verteilten wir dann zum Dank für ihre Freundlichkeit an die Polizisten, die sie uns förmlich aus der Hand rissen.

Gegen fünf Uhr nachmittags verließen wir die Polizeistation. Vorher wurden wir noch eingeladen, doch wieder einmal auf eine Tasse Tee vorbeizukommen. Wir waren überglücklich über diese kostbaren vier Stunden. Wer hätte sich vorstellen können, dass wir die Gelegenheit bekommen würden, allen Männern dieser Polizeistation ein Neues Testament zu geben? Und wunderbar war auch: Jeder von ihnen wusste, dass der andere ebenfalls eines hatte. So konnten sie das Gelesene miteinander besprechen.

Unerwartetes Happy End

Birte Papenhausen, Mongolei

Jeder weiß: Märchen haben ein Happy End. Nur der Held oder die Heldin im Märchen weiß das nicht und muss erst einmal Prüfungen und Leiden durchstehen, bis am Ende alle aufatmen und wieder lächeln können. Auch mir ging es einmal so. Zu keinem Zeitpunkt ahnte ich damals, dass sich meine Situation dramatisch verschlechtern, das Blatt sich dann aber wieder wenden würde.

Mongolische Dorfleute

Ich wusste nur, dass ich unendlich müde war. Wochen voller Arbeit lagen hinter mir, der letzte Termin einer langen Liste, das Jugendlager, war nun ebenfalls beendet. Wir waren auf dem Weg nach Hause. »Noch alles wegräumen, dann kann die Sommerzeit beginnen«, so dachte ich. Stattdessen stürzten völlig aufgebrachte

Eltern in meine Jurte, die seit Freitag ihre Tochter vermisst und gesucht hatten und sie nun bei mir fanden. Die Tochter hatte ihren buddhistischen Eltern nicht gesagt, dass sie an dem christlichen Jugendlager teilnehmen werde. Was folgte, war die reinste Tortur: Ich saß inmitten einer mongolischen Großfamilie, alle Personen und Generationen schrien auf mich ein, warfen mir Kindesentführung und Gehirnwäsche vor, drohten damit, zu Presse, Fernsehen, Polizei und zum Provinzgouverneur zu gehen. Sie versicherten mir, dass sowohl unsere Hilfsorganisation als auch die Gemeinde überprüft und geschlossen und ich des Landes verwiesen werde. Dafür würden sie schon sorgen!

Ich weinte und ich war so müde. Als mich ein mir unbekannter Junge auf dem Weg ins Duschhaus auf offener Straße fragte, ob ich die sei, die das Mädchen entführt habe, war mir klar, dass mein Ruf ruiniert war.

Aber was konnte ich machen? Die Sommerzeit hatte angefangen. Das öffentliche Leben in der Mongolei liegt dann brach und es gibt wenig zu tun. So tat ich, was bereits seit Jahren ein Traum von mir war (was ich aber so müde und traurig kaum richtig genießen konnte): Ich lernte Bogenschießen. Nach einiger Zeit beherrschte ich es immerhin so gut, dass ich das Gefühl hatte, mich bei einem Wettkampf nicht völlig zu blamieren. So entschloss ich mich, an den Provinzmeisterschaften im Juli 2006 teilzunehmen.

Und da passierte dann das Märchenhafte: Ich gewann – für jeden völlig überraschend – die Meisterschaft.

Der Provinzgouverneur hängte mir die Goldmedaille um den Hals; Presse, Radio und Fernsehen interviewten mich und berichteten von der ausländischen Siegerin in mongolischer Tracht. Mir unbekannte Leute kamen auf dem Markt, in der Post und auf der Straße auf mich zu, um mir zu gratulieren und zu sagen, wie sie sich freuten.

Das alles hat mich sehr bewegt. Diese Goldmedaille ist für mich nicht so sehr ein Symbol des Sieges in einer sportlichen Auseinandersetzung, sondern ein Beweis dafür, dass Gott sich zu mir stellt, für mich kämpft und es nicht zulässt, dass jemand sein

Kind anfällt und in den Dreck zieht. »Die Menschen gedachten es böse zu machen, aber Gott gedachte es gut zu machen« (vgl. 1. Mose 50,20).

Birte Papenhausen beim Bogenschießen

Die Deutsche Birte Papenhausen ist Theatertherapeutin und seit 2001 Mitarbeiterin im WEC International. Sie hat elf Jahre in der Mongolei gelebt und baut zurzeit den neuen WEC-Arbeitszweig »Theater für Mission und Jüngerschaft« auf.

WEC International

WEC International (Weltweiter Einsatz für Christus) ist ein weltweit arbeitendes christliches Hilfs- und Missionswerk, dessen Mitarbeiter verschiedenen Landes- und Freikirchen angehören. Das Werk wurde 1913 von dem Engländer Charles Thomas Studd und seiner Frau Priscilla gegründet. Die Arbeit begann im Inneren Afrikas und weitete sich auf andere Regionen und Kontinente aus.

Heute gehören ca. 1 800 aktive Langzeitmitarbeiter aus 50 Ländern zum WEC International. Davon kommen etwa 230 aus der Schweiz und aus Deutschland, außerdem gibt es zahlreiche Kurzzeitmitarbeiter.

WEC International arbeitet gegenwärtig unter fast 100 unerreichten Volksgruppen in über 70 Ländern der Erde. Die deutsche Zentrale befindet sich in Eppstein/Taunus. Die Schweizer Zentrale hat ihren Sitz in Rüti, Kanton Zürich.

WEC Deutschland
Hof Häusel 4
D-65817 Eppstein
Telefon (06198) 5859-0
E-Mail: office@wi-de.de
Website: www.wec-int.de

WEC Schweiz
Falkenstrasse 10
CH-8630 Rüti (ZH)
Telefon 055 251 52 60
E-Mail: info@wec-international.ch
Website: www.wec-international.ch

Theo Volland (Hrsg.)

In Daressalam gibt es keinen Baumarkt

Wie Gott heute beruft

Taschenbuch, 12 x 19 cm, 224 Seiten
Nr. 395.407,
ISBN 978-3-7751-5407-9

Clemens fliegt zu einem Baueinsatz nach Tansania. Ein Reinfall? Denn in Daressalam findet er keinen Baumarkt. Unter freiem Himmel feilscht er um alles Nötige. Die wichtigste Erkenntnis: Gott hilft. Geschichten aus aller Welt von Menschen, die ihre Lebensaufgabe finden.

Melanie Keppler

Pelze, Tee und vier Babuschkas

Geschichten aus dem Herzen eines sibirischen Dorfes

Taschenbuch, 12 x 19 cm, 208 Seiten
Nr. 395.236,
ISBN 978-3-7751-5236-5

Sibirien – trostloser Ort, Menschen ohne Trost. Melanie Keppler begegnet im Dorf Osinowy Mys den vom harten Leben gezeichneten Bewohnern: Mördern, Alkoholikern, Invaliden. Sie erzählt deren bewegende Lebensgeschichten und zeigt: Gott kennt keine hoffnungslosen Fälle!

Bitte fragen Sie in Ihrer Buchhandlung nach diesen Büchern!
Oder schreiben Sie an: SCM Hänssler, D-71087 Holzgerlingen;
E-Mail: info@scm-haenssler.de; Internet: www.scm-haenssler.de